Mikel Marz

BESSER LEBEN kann so einfach sein!

AF571070

Mikel Marz

BESSER LEBEN kann so einfach sein!

Was ein Mensch für sich wirklich will, entscheidet schließlich jeder für sich selbst!

Trainerverlag

Impressum / Imprint
Bibliografische Information der Deutschen Nationalbibliothek: Die Deutsche Nationalbibliothek verzeichnet diese Publikation in der Deutschen Nationalbibliografie; detaillierte bibliografische Daten sind im Internet über http://dnb.d-nb.de abrufbar.

Bibliographic information published by the Deutsche Nationalbibliothek: The Deutsche Nationalbibliothek lists this publication in the Deutsche Nationalbibliografie; detailed bibliographic data are available in the Internet at http://dnb.d-nb.de.

Coverbild / Cover image: www.ingimage.com

Verlag / Publisher:
Der Trainerverlag
ist ein Imprint der / is a trademark of
OmniScriptum GmbH & Co. KG
Heinrich-Böcking-Str. 6-8, 66121 Saarbrücken, Deutschland / Germany
Email: info@verlag-trainer.de

Herstellung: siehe letzte Seite /
Printed at: see last page
ISBN: 978-3-8417-5106-5

Besser Leben

kann so einfach sein

ISBN: 978-3-8417-5106-5

Wichtiger Hinweis für den Leser:

Ich habe alle Sorgfalt walten lassen, um vollständige und akkurate Informationen in diesem Buch zu publizieren. Ich übernehme weder Garantie noch eine juristische Verantwortung oder irgendeine Haftung für die Nutzung dieser Informationen, für deren Wirtschaftlichkeit oder fehlerfreie Funktion für einen bestimmten Zweck. Das Lesen erfolgt auf eigene Gefahr. Ich hafte ebenso nicht für psychische Schäden oder Konsequenzen durch weltanschauliche oder religiöse Erschütterungen.
Da keine wirklichen Namen und Orte erwähnt oder genannt wurden, kann es auch keine rechtlichen Schritte derer geben, die sich in einigen und wahren Geschichten wieder erkannt haben. Ähnlichkeiten wären rein zufällig und sind rechtlich ausgeschlossen.

1. Auflage 2015

Liebe Leser,

mit meinen umfangreichen Aus- und Weiterbildungen beschäftige ich mich seit vielen Jahren mit den Themen Depression, Mobbing, Burnout, Häusliche Gewalt, Posttraumatische Belastungsstörungen, Angst und auch den damit oftmals verbundenen Suizidgedanken.

Gerade die Ursachen und Krankheiten, die viel mit der Psyche eines Menschen zu tun haben, interessieren mich sehr und deshalb kann ich Ihnen verraten, wie einfach es wirklich sein kann, BESSER LEBEN zu können, sofern SIE das selbst wirklich wollen.

Noch schöner ist es, wenn es nicht nur die Erfahrungen von anderen Personen sind, sondern auch meine eigenen. Deshalb darf ich Ihnen schon an dieser Stelle verraten, dass es sich wirklich lohnt, ja schon total faszinierend ist, wenn auch Sie in den ***GLEICHKLANG*** mit sich selbst kommen, um BESSER LEBEN zu können.

Sie fühlen sich wirklich wohler, befreiter, gesünder und werden vor allem das Glück, den Erfolg und die Liebe auf eine ganz neue Art und Weise in Ihr Leben lassen und es intensiv spüren.

Was Sie dafür tun müssen?

Lesen Sie dieses Buch und lassen Sie sich inspirieren, denn Sie sind Ihr Glückes Schmied und entscheiden dann selbst, ob auch Sie den Weg gehen wollen, der schon sehr viele Menschen vor Ihnen **wirklich** glücklich und gesund gemacht hat.

Entscheiden Sie dann selbst, was Sie wirklich wollen und werden Sie sich bewusst darüber, wie und wo Sie jetzt zur Zeit stehen, denn ändern können Sie alles das, was Sie möchten und was Ihnen wirklich wichtig ist.

Weitere Informationen finden Sie auch auf meiner Seite:
www.mikelmarz.com

Ich wünsche Ihnen eine gute, gesunde und starke Zeit!
Herzlichst Ihr

Mikel Marz

Besser Leben

kann so einfach sein

Einleitung:

Als erstes möchte ich allerdings schon einmal erwähnen, dass es ganz sicherlich nicht ausreicht, dieses Buch von vorne bis nach hinten durchzulesen und dann zu glauben, man wäre nun im ***Gleichklang*** mit sich selbst, alles wäre geschafft und nun könnte man BESSER LEBEN.
Wenn Sie dieser Annahme waren oder sind, muss ich Sie an dieser Stelle schon enttäuschen, denn Ihre Erwartung war viel zu hoch und auch falsch. Wenn Sie es aber wirklich von Herzen her erreichen möchten, dann bringt Ihnen dieses Buch schon mal die nötigen Informationen und zum Schluss liegt es nur noch an Ihnen, wie und was Sie persönlich wirklich umsetzen wollen.

Von daher *kann* Sie dieses Buch in den GLEICHKLANG mit sich selbst und dem Leben bringen, sofern Sie es wirklich für sich selbst wollen!

Wenn man einen Berg besteigen will, bezwingt man ja bekanntlich nicht nur den Berg, sondern auch die ganzen Hürden, Anstrengungen, Ängste und Zweifel, die sich auf dem Weg zum Ziel gestellt haben und insofern ist es eine Herausforderung zum eigenen ICH zu kommen, wenn man dann auf der Spitze steht und angekommen ist.

Das bedeutet, Sie müssen zunächst einen ganz festen und starken Willen haben, sich absolut bewusst darüber zu werden, wer Sie selbst eigentlich sind, wo Sie zur Zeit stehen und wie es auch innerlich bei Ihnen wirklich ausschaut.

Das geht natürlich nur mit absoluter Ehrlichkeit und gerade jetzt wäre ein guter Zeitpunkt dafür, die Schauspielerei sein zu lassen und die Masken abzulegen.

Sie müssen hier niemanden etwas vormachen oder beweisen, sondern sich einfach nur mal auf sich selbst besinnen und ehrlich in den Spiegel schauen.

Es geht ausschließlich nur um Sie persönlich, also bitte denken Sie dabei völlig an sich und nicht an Ihr Umfeld, egal wer das auch ist und welchen Stellenwert Sie diesen Menschen geben.

Wer BESSER LEBEN und in den ***Gleichklang*** mit sich selbst kommen will, muss zunächst einmal bedingungslos seinen eigenen Weg der Wahrheit gehen und akzeptieren. Dazu gehört nämlich unter Umständen auch, altes, sowie festgefahrenes loszulassen und neuen Erkenntnissen einen Raum zu lassen!

Manchmal ist es nicht leicht, auch das kann ich Ihnen hier und jetzt schon verraten, denn viele Menschen haben Prinzipien oder leben in dem Glauben, sie wären dafür schon zu alt oder festgefahren. Manche haben auch den festen Willen nicht und scheitern daher schon an sich selbst. Gründe etwas nicht zu tun, lassen sich immer ganz schnell finden, aber es ist halt auch nie etwas unmöglich, denn den eigentlichen und wirklichen Erfolg bestimmen diesmal ganz allein Sie und je stärker Ihre Erkenntnis und Ihr Wille vorhanden ist, umso einfacher werden Sie auch Ihr Ziel erreichen und viel besser Leben können.

Hören Sie grundsätzlich auf sich selbst und nicht auf die vielen Menschen, die täglich sagen es würde nicht gehen, denn es kommt irgendwann immer einer, der es ihnen dann vormacht. Das hat uns das Leben schon viel zu oft bewiesen!

Ob sich ein Weg wirklich lohnt, erfahren Sie sowieso immer erst dann, wenn Sie persönlich ihn gegangen sind, denn erst dann haben Sie auch Ihre eigene Erfahrung und wissen, ob es geklappt hat. Wir können uns zwar stets die Erfahrungen von anderen Menschen anhören, aber das müssen dann noch lange nicht unsere eigenen sein. Trotzdem schauen wir uns aber sehr gerne die Wege an, die andere schon massenhaft gegangen sind und von denen die große Masse behauptet, sie wären einzigartig.

Von daher liegt es wirklich nur an Ihnen selbst!

Viele Menschen sind nahezu täglich auf der Suche nach Glück, Reichtum, Erfolg, Macht, Gesundheit, Wohlbefinden, Harmonie und vor allem nach der Liebe.

Für die „Liebe“ gehen wir dabei oftmals auch noch sehr ungewöhnliche und teils auch komplizierte Wege, was man vor allem unschwer daran erkennen kann, dass immer mehr Singleportale auf den Markt kommen. Bei immerhin fast 16 Millionen Singles alleine in Deutschland, lässt sich da natürlich noch ganz viel Geld verdienen.

Keine Frage, natürlich gibt es Menschen, die über diesen Weg schon ihren Partner gefunden haben und glücklich geworden sind, doch mal ganz ehrlich, ist das die Masse?

Ganz sicher nicht und ich persönlich vergleiche dieses „Suchen“ und „Finden“ eines Partners gerne mit dem Spielen im Lotto, zumal es fast die identische Zahl von Menschen ist, die jede Woche regelmäßig Lotto spielt. Der Vorteil im Lotto ist aber, dass ich nach der Ziehung sofort weiß, ob ich etwas gewonnen habe, was man von der Partnersuche nicht behaupten kann. Schließlich ist es für viele leider nur ein Geschäft mit den „suchenden“ Menschen geworden und wenn sich dann wirklich mal zwei Personen gegenüber sitzen, weiß man Anfangs nie, welche Maske sich mein Gegenüber gerade aufgesetzt hat.

Wir können einem Menschen grundsätzlich nur vor den Kopf schauen und sehen die Wahrheit dann oftmals erst viel zu spät.

Wie gefährlich das allerdings auch sein kann, werde ich Ihnen später noch näher in diesem Buch erklären. Jedenfalls haben wir bis dahin wieder viel gegeben und auch nicht selten investiert.

Dabei ist es vollkommen egal, ob wir nun die Gefühle oder das Materielle bewerten, denn in beiden Dingen haben wir von Herzen gegeben und wurden letztendlich dann doch verletzt und auch enttäuscht.

Doch wurden wir das wirklich?

Eine Ent-Täuschung ist nicht selten auch eine Täuschung unserer eigenen Gedanken, denn viel zu oft haben wir nämlich etwas Er-Wartet und wenn wir gewartet haben und es nicht eintraf, wurden wir somit ent-täuscht.

Ist es nicht eher so, dass wir selbst viel zu oft und zu schnell gehandelt und vertraut haben? Zumindest komme ich zu diesem Entschluss, worauf ich aber später auch noch viel expliziter drauf eingehen werde.

Vorher frage ich nämlich an dieser Stelle erst einmal noch nach Ihrem Selbstwertgefühl und nach Ihrem Selbstbewusstsein. Können Sie mir jetzt in diesem Augenblick sagen, wie hoch das bei Ihnen ist?

Wenn Sie es jetzt mit einer Schulnote beurteilen müssten, welche Note würden Sie sich an dieser Stelle geben?

Sollten Sie jetzt schon zu den Menschen gehören, die sich spontan eine 1 oder 2 geben, dann gratuliere ich Ihnen an dieser Stelle ganz herzlich.

Ich kenne nämlich die Zahlen von verschiedenen Personen und auch meinen eigenen Studien und danach haben nur etwa 10% der Menschen ein sehr gesundes Selbstvertrauen und auch Selbstwertgefühl.
Das bedeutet aber im Umkehrschluss, dass ca. 90% es nicht haben und das bestätigt sich auch immer wieder in meiner Arbeit mit Menschen.

Natürlich gibt es auch hier eine Menge von diversen Gründen, auf die ich ebenfalls noch in diesem Buch genauer eingehen werde.

Selbst die Figur eines einzelnen Menschen lässt ihn oft verzweifeln und dann seltsame Wege gehen und viele Zeitschriften sind voll mit irgendwelchen Diäten, die oftmals gar nicht gesund sind oder auch den berühmten JoJo-Effekt mit sich führen.

Doch warum machen sich viele Menschen das Leben eigentlich so schwer, warum setzen sie sich unter solch einen enorm hohen Druck und warum wechseln immer mehr Gläubige zum Buddhismus? Warum gibt es weder im tibetischen, noch im chinesischen Sprachgebrauch das Wort „Krankheit“?

Und vor allem, was ist dran, an diesen vielen Zitaten und Sprüchen von teilweise sehr bekannten Menschen, dass wir nur finden können, was wir selbst gar nicht suchen?

Ich gebe ehrlich zu, dass es auf den ersten Blick auch nicht unbedingt verständlich ist, schließlich ist es unser Naturell, dass wir ständig mit den Augen schauen und Bilder in uns aufnehmen, die uns bewusst, aber auch viel zu sehr unbewusst etwas suchen lassen.

Dabei ist es vollkommen egal, um was es sich dabei handelt, denn wir nehmen uns die Vorstellungen und Dinge an, die uns augenscheinlich gut tun können. Ob sie uns allerdings auch psychisch, seelisch, gesundheitlich und innerlich wirklich gut tun, das ist eine ganz andere Sache und die können wir auch erst viel später bewerten.

Wir müssen auch nicht immer alles verstehen, einfach, weil es oftmals viele Dinge gibt, die man gar nicht unbedingt begreifen muss, die man aber mit dem Herzen fühlen und spüren kann.

Fakt ist aber, denn das habe ich in meinen jahrelangen Recherchen auch bestätigt bekommen, dass uns dann erst eine innerliche Aufstellung wirklich dahin führt, wo wir selbst hinkommen wollen. Verständlicher ausgedrückt bedeutet das, wir werden alles finden und erreichen, wenn wir uns selbst angenommen und uns selbst gefunden haben und mit uns selbst vollkommen im Einklang sind.

Ich bin mir bewusst darüber, dass sich das etwas komisch anhört und keine Sorge, Sie schließen sich jetzt auch keiner Sekte oder ähnlichen Vereinigungen an. Dennoch stecken in diesen Recherchen sehr viel Wahrheiten drin und die gebe ich nun gerne an Sie weiter.

Menschen, die diesen Weg nämlich schon gegangen sind, werden jetzt lächeln, denn sie kennen nicht nur die Qualität ihres Lebens, sondern sind sich auch bewusst, mit wie viel Kraft, Stärke und Energie sie jetzt durch das Leben gehen und welche vielen Glücksmomente sie dadurch erleben dürfen, die sie bekanntlich vorher niemals wahrgenommen haben.

Wir selbst haben die Kraft und die Energie, wirklich alles im Leben erreichen zu können, wenn wir es bewusst und mit unserem ganzen Herzen wollen!

Dafür müssen wir allerdings etwas tun, denn nichts kommt im Leben von ganz allein! Niemand kann jetzt zaubern oder bei Ihnen einen Schalter drücken und alles ist anders. Nein, Sie müssen es wollen, Sie müssen dafür brennen, ja, es muss sich in Ihnen manifestieren, dass Sie durch diesen Weg ein viel glücklicheres, zufriedeneres, besseres und gesünderes Leben erreichen können.

Eine innerliche Aufstellung hängt nämlich sehr viel von den äußerlichen Einflüssen ab. Wie bewusst ich mit meinem Körper umgehe, geistig, körperlich und vor allem auch, wie ich mich ernähre, denn die „gesunde" und „richtige" also ausgewogene Ernährung spielt eine wahnsinnig große Rolle und kann den Körper und die Seele sogar heilen.

Nicht umsonst werden uns immer wieder neue Diäten vorgestellt, damit wir einen Weg finden sollen, uns anzunehmen und wohlzufühlen. Was diese dann aber wirklich bringen, steht auf einem ganz anderen Blatt Papier.

Die erste Lebenshälfte passt meistens zu dem Alter, der bei jedem Menschen im Ausweis steht. Die zweite Hälfte hängt aber im wesentlichen davon ab, wie der innerliche Zustand ist und den gilt es zu pflegen, da ist jeder, wie immer, seines Glückes Schmied!

Je gesünder und bewusster wir also leben und uns auch aufstellen, umso länger haben wir dann etwas von dem LEBEN und können die typischen Alterungsprozesse, mit den meist vielen Wehwehchen, aufhalten.

Wie wichtig nämlich solch eine innerliche Annahme und Aufstellung für einen Menschen wirklich ist, werde ich Ihnen in diesem Buch vor Augen führen, denn dann sind Glück, Reichtum, Erfolg, Wohlbefinden, Harmonie,

Liebe und auch die gesunde Verfassung, ein ständiger Begleiter, sofern Sie ihn an Ihre Seite lassen wollen.

Kommen Sie daher einfach mit mir mit, in den *GLEICHKLANG* mit sich selbst, denn **BESSER LEBEN** kann so einfach sein!

Ich weiß es ja schon und Sie können das auch bald wissen!

BESSER LEBEN mit „bester“ Ernährung!

Der größte Schritt bedeutet erst einmal, dass wir uns selbst annehmen, aufstellen, „bestens“ ernähren und wir bewusst und ehrlich auf unser eigenes Leben schauen.

Deshalb möchte ich gerne mit dem derzeitigen „IST-Zustand“ beginnen und auf den Punkt **Ernährung** zu sprechen kommen.

Allerdings möchte ich schon gleich an dieser Stelle darauf hinweisen, dass gerade dieses Kapitel sehr zu Unmut oder Unverständnis führen kann und Sie deshalb von Herzen her bitten, alles erst einmal bis zum Ende zu lesen, falls nötig auch gerne öfter. Aufgrund der Schwere dieses Kapitels bin ich mir sicher, dass dann auch für jeden Menschen, die entsprechenden Informationen dabei sein werden.

Was Sie persönlich selbst letztendlich davon beherzigen oder für sich übernehmen wollen, das entscheiden Sie doch sowieso ganz für sich allein. Dennoch ist es aber total wichtig, dass wir dieses Kapitel zumindest einmal aufgenommen haben, denn es gehört dazu wenn Sie wirklich BESSER LEBEN möchten und aus diesem Grund haben Sie sich ja dieses Buch auch ausgesucht, oder? Also bitte ganz oder gar nicht, denn ein bisschen schwanger gibt es im Leben ja bekanntlich auch nicht!

Fakt ist aber und das sollte Ihnen bewusst sein, spielt die Ernährung jedenfalls immer eine überlagerte Rolle und viele Menschen sind sich oft kaum darüber im klaren, was unsere tägliche Nahrungsaufnahme so alles mit uns anstellen kann, oder noch besser gesagt, welchen wirklichen Einfluss sie auf unseren Zustand und auf unser gesamtes Wohlbefinden hat.

Am schönsten finde ich immer die banalen Vergleiche, weil die von allen Menschen sofort verstanden werden und deshalb werde ich sie natürlich auch in diesem Buch gerne mit aufführen.

Die Autoindustrie hat inzwischen wohl alle, zumindest mir bekannten Autos so entwickelt und hergestellt, dass man an jedes Auto einen Laptop anschließen kann, um alle Fehler sofort zu erkennen und beheben zu können. Also ist die Voraussetzung schon mal geschaffen, dass der Fahrer oder Besitzer sich auch adäquat um sein Auto kümmern muss und somit auch das vorgeschriebene Öl oder den Treibstoff einfüllt.
Die meisten Autofahrer machen das natürlich schon allein aus dem Grund, weil sie ihr Auto pflegen und auch lange etwas von ihm haben wollen, schließlich betrachten sie ihr Fahrzeug ja als etwas wertvolles, unabhängig davon, was es auch immer gekostet hat.

Kein Mensch ist daher bereit, in sein wertvolles Fahrzeug auch nur Ansatzweise etwas verunreinigtes oder schlechtes einzufüllen, unter dem der Motor dann leiden müsste und unter Umständen auch kaputt gehen würde.

Das wissen wir alle und jeder hat das jetzt erst einmal verstanden. Deshalb widme ich mich jetzt weiter diesem doch sehr bewegenden Kapitel.

Nicht wenige Menschen haben morgens schon Probleme mit dem Aufstehen und sind einfach nur müde.
In unserer Zeit gewöhnt man sich einfach an solch einen Rhythmus, ohne das wir uns dabei gleich krank fühlen oder überhaupt an eine Krankheit denken.

Dazu kommen unzählige Menschen, die auch mit ihrem Gewicht nicht einverstanden sind und sich schon etliche Bücher gekauft haben, in der Hoffnung, endlich ein paar Kilos zu verlieren.
Ständig gibt es neue Diäten, die uns indirekt auffordern, dass wir uns in unserem Denken und in unseren Gefühlen verändern sollten. Manche Vorschläge helfen dann sogar tatsächlich, auch wenn die wenigsten es schaffen, auf Dauer bei ihrem Wunschgewicht zu bleiben.

Doch mal ganz ehrlich, haben Sie sich eigentlich schon mal ernsthaft Gedanken darüber gemacht, was Sie sich täglich so alles auf den Speiseplan schreiben und was Sie Ihrem Körper dann damit wirklich antun?

Falsche Ernährung kann uns krank machen, gesunde Ernährung dagegen kann uns heilen!

Vielleicht fragen Sie sich jetzt, wieso Lebensmittel den Menschen krank machen können?

Das möchte ich Ihnen gerne näher erläutern und Ihnen Ihre Ernährung bewusst machen. Nicht zuletzt, weil eine falsche Nahrungsaufnahme gefährlicher ist, als viele Menschen glauben, auch wenn uns das die große Macht der Nahrungsmittelindustrie nicht wissen lassen möchte.

Zwar gibt es genügend Fachleute, die, sofern sie wirklich zu Wort kommen, genau das verkünden, allerdings wird das dann in den Medien nur ganz selten zitiert.
Der Mensch ist es heutzutage gewohnt, alles auf die leichte Schulter zu nehmen und viele Dinge einfach abzuwinken, was dem Risiko eines russischen Roulette gleicht.

Alles KANN gut gehen, es KANN aber auch nicht gut gehen und dann leiden alle Menschen wieder gleich und suchen nach Hilfe.
Wie heißt es so schön, wenn wir mit dem Feuer spielen, müssen wir immer damit rechnen, dass wir uns auch verbrennen.

Wenn man sich heute das allgemeine Kaufverhalten der Menschen von Lebensmitteln betrachtet, dann ist es wohl eher so, dass die große Zahl der Menschen ihre Speisen einfach nur nach Angebot, Laune, Bequemlichkeit und Lust kaufen und wirklich nicht im Geringsten darüber nachdenken, wie gut und bekömmlich diese Produkte für den menschlichen Körper eigentlich sind.

Warum auch, alles sieht ja wunderbar und anregend aus!

Bedenken Sie bitte, dass Sie da bei Ihrem Auto schon etwas sehr genauer hinschauen und auch oft sogar das Kleingedruckte noch lesen, um sich wirklich absolut sicher zu sein.

Gerade bei sehr vielen Fertigprodukten, die ja einfach nur noch kurz erwärmt werden müssen, ist die Qualität doch eher sehr fragwürdig und dem Körper wird eine Art von

Nahrung zugeführt, an der er richtig zu arbeiten hat und auch darunter leidet. Auch hier sei schon einmal erwähnt, dass es sicher auch gute Fertigprodukte gibt, die sogar qualitativ unbedenklich sind, deshalb darf man nicht alles immer über einen Kamm scheren.

Allerdings sollte man sich auch bei diesen Produkten etwas schlauer machen!
Damit es an dieser Stelle noch einmal etwas besser verstanden wird, möchte ich gerne erneut das beliebte Auto als Vergleich nehmen, denn gerade diese banalen Vergleiche sind es, die oftmals besser verstanden werden. Gerade weil dieses Kapitel sehr mächtig ist und sehr viel auch missverstanden werden kann, ist es mir persönlich natürlich sehr wichtig, dass es verstanden wird, deshalb entschuldigen Sie bitte meine Wiederholungen.

Wenn Sie mit Ihrem Auto tanken fahren, füllen Sie in den Tank genau den Sprit, den der Hersteller für das jeweilige Modell vorgeschrieben hat. Stellen Sie sich einmal vor, Sie bekämen die Möglichkeit, wesentlich günstiger tanken zu können, in dem Sie dreckiges oder stark verunreinigtes Benzin oder Diesel kaufen könnten. Würden Sie das dann kaufen und Ihren Wagen damit betanken?

Wohl eher nicht, weil Ihnen sofort eine innere Stimme sagen würde, dass dann der Motor leiden müsste und auch nicht mehr lange halten und kaputt gehen würde. Schließlich wollen wir ja lange etwas von unserem Auto haben und achten darauf, was wir in den Tank geben. Bei einem Auto bekommen wir also sofort einen Informationsfluss, der uns davon abhält, fahrlässig mit diesem Gegenstand umzugehen, doch was bitte ist mit unserem Körper?

Das Auto war meistens eine teure Anschaffung, Ihr Körper hingegen wurde Ihnen geschenkt, was auch ein Grund dafür ist, dass wir unseren Körper einfach nicht genug wertschätzen. Schließlich war er ja immer da und hat doch meist auch immer richtig funktioniert.
Eigentlich müsste es genau anders herum sein und der Körper müsste immer an erster Stelle stehen. Wenn Ihnen nicht bewusst ist, was Sie sich selbst eigentlich täglich antun, dann ist es auch hier nur eine Frage der Zeit, wann Ihnen Ihr Körper diverse Warnhinweise geben wird, bis hin zum „ERROR“!

Welchen Einfluss unsere Ernährung auf uns wirklich hat, wird genauso vernachlässigt, wie unser Seelenleben und die vielen Heilkräfte, die uns auch die Natur zu bieten hat.
Gerade die Unzufriedenheit mit dem Gewicht lässt viele Menschen oft verzweifeln und belastet die Seele, sowie den Gemütszustand dann noch mehr. Man kauft sich Bücher, Zeitschriften, geht in Fitnessstudios oder fängt selbst an, irgendwelchen Sport zu treiben, nur um das Gewicht zum gewünschten Ergebnis zu führen. Dabei ist das oftmals sehr viel leichter, als man es glauben möchte, denn auch hier schreibe ich aus vielen Erfahrungen. Ich selbst habe ja schon einmal innerhalb eines halben Jahres neunundzwanzig Kilo abgenommen und nach meiner innerlichen Aufstellung und Ernährungsumstellung noch einmal zwölf Kilo verloren und halte nun auch mein Gewicht, ohne dabei auf vieles verzichten zu müssen.

Dabei habe ich nicht auf irgendwelche Diäten gesetzt, zu mal ich sagen darf, dass auch nicht alle Diäten wirklich gesund sind und oftmals nur einen unangenehmen JoJo-Effekt mit sich bringen, der dann keinen Menschen auf Dauer glücklich macht. Dazu kommt dann nicht selten auch noch der Druck von Partnern, die ihre Liebe und Laune von dem Gewicht oder der Figur ihres Partnes abhängig machen und das ist leider keine Seltenheit.
An dieser Stelle darf ich Ihnen nun schon mal verraten, nehmen Sie jetzt mal die Spannung raus!

Je mehr Sie sich mit Ihrem Gewicht, Ihrer Figur oder mit einem Ergebnis beschäftigen und damit auch oftmals unter Druck setzen, auch wenn es vielleicht nur unterbewusst sein sollte, umso mehr Anstrengungen haben Sie auch, um das zu erreichen, was Sie eigentlich wollen.

Der Schlüssel dazu heißt LOSLASSEN und natürlich erkläre ich Ihnen auch noch, wie er funktioniert.

Wir leben in einem Zeitalter, wo die Werbung uns genug Informationen zukommen lässt, die uns dann das Denken abnimmt und uns dazu animiert, diverse Produkte sofort zu kaufen.

Das Wissen kommt grundsätzlich nicht von ganz allein, denn dafür müssen Sie schon etwas für tun und vor allem mal das Interesse für Ihr Leben, Ihren Gemütszustand und die Nahrung entwickeln.

Sehr fragwürdig finde ich es persönlich nämlich auch, dass es so viele Menschen gibt, die sich für Tierschutz engagieren oder feuchte Augen bekommen, wenn sie

misshandelte Tiere sehen und dennoch aber trotzdem weiterhin fleißig an ihrem völlig unkontrollierten Fleischverzehr festhalten.
Wir sollten uns doch auch als Fleischesser damit mal bewusst vertraut machen, dass jährlich tatsächlich über 52 Milliarden Landtiere, sowie 6 Milliarden Fische sterben müssen, teilweise sogar sehr elendig, brutal und grausam, damit Menschen wie gewohnt ihr „Fleisch" billig kaufen und konsumieren können.

Vielleicht sollte man sich an dieser Stelle dann nämlich mal bewusst mit dem Thema Massentierhaltung, der Schlachtung, der Produktion und den damit verbundenen Transporten und Kosten vertraut machen und sich danach vor allem ernsthaft überlegen, wie viel Anteil „Fleisch" eigentlich in einigen Fleischprodukten und wie wenig Wurst in einigen Wurstprodukten wirklich vorhanden ist.

Schließlich geht es mir in diesem Kapitel um eine „beste" **gesunde**, sowie ausgewogene Ernährung!

Weiter sollten sich viele Menschen dann einmal fragen, ob sich jeder wirklich darüber bewusst ist, wenn er Spanferkel, Rehkitze, Lamm- oder Kalbsfleisch zu sich nimmt. Gerade wenn man diese kleinen Tiere öfter zu Gesicht bekommt, finden das dann einige doch eher bedenklich.

Vielleicht muss man es aber auch erst erlebt haben, wenn Garnelen und Hummer in das kochende Wasser geworfen werden und sie dann ihre hochfrequenten Todesschreie loslassen. Es ist abscheulich, klingt unerträglich und geht bei einem Menschen durch Mark und Bein.

Da ich dieses Buch ja für „Jedermann“ schreibe, gehe ich an dieser Stelle sogar noch einen Schritt weiter, denn wer von uns Menschen weiß eigentlich wirklich, welche Art von Gefühlen zum Beispiel die Kühe haben und wie sie leiden, wenn ihnen nach der Geburt das Kalb einfach weggenommen wird?
Kann mir jemand auf dieser Welt beweisen, dass eine Kuh dann andere Gefühle hat, als ein Mensch, als eine Mutter, der man einfach so das Kind wegnimmt?
Da ich noch keinen menschlichen Kuhversteher getroffen habe, es auch keinen geben wird, bleiben diese Gefühle für mich unstrittig.

Wir sehen halt, dass diese Kühe manchmal wochenlang muhend nach ihren Kälbchen rufen und irgendwie auch verstört wirken. Dieser Stress und dieser Adrenalinschub macht sich dann selbstverständlich auch in der Qualität der Milch und des Fleisches bemerkbar!

Zur Erklärung möchte ich an dieser Stelle anmerken, dass es bei uns Menschen überhaupt nicht anders ist. Wenn wir zuviel Ärger, Kummer, Leid in uns tragen, entstehen oftmals Krankheiten und Entzündungen im Körper, die ein Arzt in einer Blutuntersuchung auch aufdeckt.

Warum sollte das also bei Tieren anders sein?

Natürlich gibt es genügend Menschen, die das alles ganz anders sehen, doch wer bitte erkennt das eigentlich?
Haben die Tiere etwa diesen Menschen das gesagt?
Oder ist es nicht eher nur ein Gefühl, dass man genau das wahrnehmen möchte, wenn wir uns die Tiere anschauen,

um uns dann eher selbst zu beruhigen und alles wieder herunterzuspielen?

Fakt ist, wie viele Menschen lächeln uns täglich ins Gesicht und sind in Wirklichkeit todtraurig?

Natürlich kenne ich jetzt auch wieder Kritiker, die an dieser Stelle sagen werden, bei ihnen wäre das alles anders, denn sie hätten ja glückliche Kühe und Schweine.

Selbstverständlich gibt es auch noch eine artgerechte Tierhaltung und Bauern, denen ihre Tiere wirklich am Herzen liegen und wichtig sind.
Bei meinen Recherchen zu diesem Buch habe ich natürlich auch mit einigen Bauern geredet und war angenehm überrascht, mit wieviel Verständnis man mir entgegen kam, um Menschen wirklich mal bewusst zu machen, wo die Qualitätsunterschiede sind und liegen.
Das ein Veganer oder Vegetarier an dieser Stelle jetzt nicht glücklich ist, kann ich sicherlich verstehen, aber dennoch bitte ich um Verständnis, dass ich mich ja noch in einem Kapitel befinde, was noch nicht zu Ende ist und bekanntlich wurde auch Rom nicht in einer Nacht gebaut.

Vor Jahren kam ich persönlich selbst in diese Situation, dass ich die Schlachtung von einem „glücklichen“ Schwein miterlebt habe und ich kann hier verraten, dass es ein traumatisches Erlebnis geworden ist.

Diesem Schwein eines Privatbauers, habe ich vor der Schlachtung noch in die Augen geschaut und darin die große Angst und auch die Panik gesehen, die dieses Tier hatte.

Der weitere Prozess war dann einfach nur noch eklig, brutal, abscheulich, grausam und hatte mir eine ganze Zeit die Lust auf Fleisch genommen.
Fairerweise muss ich jetzt aber zugeben, auch wenn man Tiere sicherlich mag, dass es für mich die Wahrnehmung war und dieser Bauer dennoch sehr auf Qualität achtete. Für mich war das ein einzelnes Schwein, ein einmaliger Anschauungsprozess, aber stellen Sie sich jetzt mal bitte die Schlachtung in einem Schlachthof vor, wo Dutzende Tiere täglich bewusst miterleben müssen, wie ihre Artgenossen umgebracht werden.

Wer kann da wirklich erklären, wie und was diese Tiere wirklich fühlen, durchmachen und durchleiden müssen? Und stellen Sie sich mal weiter die Frage, warum viele Schlachthöfe hermetisch verschlossen werden und keine Zeugen wünschen?

Dazu möchte ich noch die wichtige Frage aufwerfen, wer in dieser Massentierhaltung dann wirklich jedes einzelne Tier ausreichend auf seine Gesundheit überprüft oder anders gefragt, wie viele kranke Tiere einfach mal eben mit geschlachtet und verarbeitet werden?

Sind sich Menschen darüber wirklich bewusst, wie viel Krankheiten, Medikamente, Hormone, Antibiotika, etc. in diesen Tieren stecken?

Gerade Psychopharmaka werden in der Tiermast nicht selten bei Tieren eingesetzt und dienen zur Beruhigung. Das ist deshalb notwendig, weil diese Tiere oftmals auf engstem Raum zusammengepfercht sind und dann auch aggressiv werden. Damit es dann nicht zu einem echten

Kannibalismus untereinander kommt, geht man diese Wege. Und es hat sogar noch einen Grund, denn nicht selten bekommen diese Tiere Psychopharmaka noch kurz vor dem Transport zum Schlachthof gespritzt, weil es dadurch Schlachttierbeschauern nahezu unmöglich gemacht wird, kranke Tiere zu erkennen und somit auszusondern.

Dazu ist es nun mal erwiesen, dass Billig-Fleischesser dieser Art das alles auch zu sich nehmen, wobei da noch andere Dinge, wie zum Beispiel Konservierungsstoffe, etliche Farb- und Geschmacksverstärker, Zartmacher oder irgendwelche denaturierten Nahrungsbestandteile hinzukommen.

Ein großer Unterschied zu dem Bauern auf dem Land, der seine Tiere in der Regel ganz anders aufwachsen lässt, viel qualitativer füttert und auch dafür Sorge trägt, keine kranken Tiere zu verarbeiten.
Bei ihnen wird die Qualität teilweise noch wirklich sehr groß geschrieben und es gibt nicht wenige, die auch nur für sich und den Metzger um die Ecke produzieren.

Schaut man sich dann noch Hühnerfabriken an, wird es noch grausamer, sofern ich das überhaupt sagen kann.

Millionen männlicher kleiner Legehuhn-Küken, werden vergast, vernichtet oder sogar lebendig geschreddert. Jungen Küken, die noch zum Einsatz kommen sollen, wird der Schnabel, also das wichtigste Tastorgan dieses Tieres, einfach vollautomatisch gekürzt.

Legehennen bekommen unter künstlichem Licht ein Spezialfutter, damit auch 300 Eier pro Henne im Jahr gesichert werden.
Wie diese Tiere dann zum Schluss getötet werden, kann brutaler nicht mehr sein, aber ich möchte es Ihnen nicht vorenthalten, denn es soll Ihnen verdeutlichen, was wirklich Qualität ist, sofern man das so beurteilen darf, denn nicht alles hat etwas mit dem Geschmack zu tun.

Das sollte uns an dieser Stelle schon bewusst sein!

Als erstes bekommen die Hennen Metallschlingen an die Füße, werden danach mit dem Kopf nach unten aufgehangen, dann durch ein unter Strom gesetztes Wasserbad gezogen, was dazu dienen soll, dass die Tiere betäubt werden. Dann folgt der Halsschnitt-Automat, der sie so umbringen soll, dass sie noch ausbluten können. Man kann sich von ganz allein schon denken, dass das auch nicht immer gelingt und Fehlschnitte dabei keine Seltenheit sind.

Da fragt man sich bei unserem Kaufverhalten dann doch, wen interessiert das schon wirklich, schließlich sind es ja „nur" Tiere, die dem eigentlichen Zweck dienen sollen, möglichst viele Esser wieder satt zu machen und die Nachfrage nach Hühnerfleisch ist ununterbrochen da.

GRAUENHAFT!

Solange der Verbraucher auch weiterhin das alles in Kauf nimmt, wird sich zwar nie daran etwas ändern, dennoch hat jeder einzelne Mensch, mit seiner Entscheidung auf

Verzicht oder Qualität, einen erheblichen Einfluss auf diese Macht.

Allerdings auch nur, wenn er es sich darüber bewusst ist, was er kauft und was er nicht mehr unterstützen möchte!

Seit vielen Jahren und das sollte jedem Menschen zu denken geben, gibt es dazu etliche belegbare Studien, nach denen „Billig“-Fleischesser eine stärkere Tendenz zur Erkrankung an Darm-, Lungen-, Brust- oder auch dem Eierstockkrebs zeigen.

Auch hier wurde wieder deutlich aufgezeigt, dass das Risiko einer derartigen Erkrankung durch eine bewusste Ernährungsumstellung merkbar gesenkt werden könnte, wie im übrigen auch bei vielen anderen Erkrankungen.

Nicht wenige Menschen leiden heutzutage an einer chronischen Darmträgheit, die zu einer Selbst(rück)vergiftung führen kann, weil eben Giftstoffe im Darm viel zu lange liegenbleiben und nicht schnell genug ausgeschieden werden. Das hat natürlich zur Folge, dass die Darmschleimhaut gereizt und gestört wird und somit die Darmflora geschädigt wird.

Wir sollten uns immer bewusst darüber sein, dass unser Verdauungssystem mit dem Mund beginnt und mit dem After endet. Alles, was wir an Nahrung zu uns nehmen, sollte im Mund bewusst und ausreichend zerkleinert werden, damit diese Nahrung über die Speiseröhre in den Magen gelangen und dort verarbeitet werden kann. Je ordentlicher wir das gemacht haben und je gesünder die Nahrung war, umso mehr freut sich dann der sechs bis zehn Meter lange Darm, der diesen Nahrungsbrei dann in einem hochkomplexen Prozess aufspaltet und umbaut. Je gesünder dann Ihre Darmschleimhaut ist, umso einfacher wird dann auch die Ausscheidung der übrig gebliebenen Abfallprodukte.

Fakt ist aber, je mehr Gift- und Ballaststoffe wir in unserer Nahrung haben und diesem Mechanismus zufügen, umso schwieriger hat es dieser gesamte Organismus auch, alles ordentlich zu trennen und zu verarbeiten.

Wenn man der Masse von Menschen heutzutage etwas von Vegetarisch oder sogar Vegan erzählt, reagieren viele nur mit Kopfschütteln oder einem Lächeln, winken ab und teilen dann schon fast ein wenig witzig mit, dass sie schließlich kein Kaninchen wären, das sich von Salat und Gemüse ernährt.

Vielleicht sollten sich diese Menschen dann auch mal mit den Affen beschäftigen oder eher gesagt, mit unseren nächsten Verwandten, den Schimpansen, denn kein Tier gleicht uns auf biologischer Ebene so sehr wie sie. Schließlich haben sie dieselben Verdauungsorgane und sogar auch die gleichen Blutgruppen, weshalb man diese Tiersorte leider auch für die Forschung von Krankheiten missbraucht. Allerdings, wenn man die Ernährung dieser Tiere betrachtet, dann ist diese auch eine Erklärung dafür, warum Schimpansen keine Krankheiten kennen.

Wenn man einen Menschen fragt, was sein größter Wunsch wäre, dann hört man meistens immer, dass er gesund bleiben möchte.

Ob solche Wünsche aber in Erfüllung gehen, kann man nicht selten auch mit entscheiden. Theoretisch können wir nämlich auch viel von den Schimpansen lernen und ableiten, wenn wir bereit sind, uns mit der qualitativ hochwertigen Küche nur einmal auseinanderzusetzen. Ein sehr großes Problem in unserer Gesellschaft ist auch, dass die meisten Menschen wirklich nicht wissen, wie gesund zum einen die vegane oder vegetarische Küche sein kann und vor allem, wie abwechslungsreich man sich auch damit ernähren kann. Wer diesen Weg aber wirklich gehen will, der hat am Anfang sicherlich viel zu lernen und muss auch sehr viel experimentieren und probieren, bis er für sich eine wirklich annehmbare und wohlschmeckende Küche gefunden hat, aber ich kann aus Erfahrung sagen, dass es sich auch lohnen wird.

Welchen Weg dann aber letztendlich jeder Mensch geht, das entscheidet er für sich ganz allein. Mir persönlich geht es in diesem Kapitel einzig und allein nur darum, dass wir selbst an eine wirklich gute **Qualität** denken, um unseren Körper nicht zu belasten und ihm etwas wirklich gutes zuzuführen.

So, wie wir es bei unserem Auto ja auch immer machen!

Gleichzeitig macht man sich mit Qualitätskäufen auch nicht zum Mittäter in den Schlachthöfen, mit der teils doch sehr überwiegenden und abscheulichen Tierzucht oder den teils erbärmlichen Tiertransporten.

Ich gebe an dieser Stelle ehrlich zu, ich wusste es früher auch nicht besser und war einer unter vielen Menschen, die auch nicht anders reagiert haben.

Allerdings bin ich heute doch wesentlich schlauer und gehe sogar noch einen Schritt weiter, denn ich sage ganz bewusst, dass es nur sehr wenige Menschen gibt, wenn überhaupt, die zum Beispiel in meinen Kochkünsten herausschmecken würden, dass es sich um eine vegane oder vegetarische Küche handelt, denn ich habe es ausprobiert, weil es mich interessiert hat und gebe offen zu, die Ergebnisse waren zum Teil faszinierend.

Tofu-und Sojaprodukte werden bekanntlich oftmals nur belächelt, ohne das Menschen sie wirklich einmal richtig probiert haben, was ich sehr schade finde, denn wie schon erwähnt, wer sich wirklich Mühe beim Kochen gibt, der kann und wird kaum einen Unterschied zu den gewöhnlichen Produkten feststellen können.

Früher gab es den Spruch, „*Was der Bauer nicht kennt, das isst er nicht*“ und bis heute hat sich daran wohl auch nicht viel geändert. Also habe ich es dann einfach mal anders gemacht und ohne Ankündigung einfach mal für Gäste die geliebten Spaghetti Bolognese, Lasagne, Schnitzel, hausgemachte Frikadellen, Geschnetzteltes, Gyros, Aufläufe, Grillspezialitäten oder was auch immer zubereitet, um nach dem Lob für das Essen dann freudestrahlend mitzuteilen, dass es sich lediglich um Tofu- oder Sojaprodukte gehandelt hat, also somit komplett fleischlos zubereitet wurde. Auf diese Art habe ich nicht nur immer wieder sehr interessante Gespräche bekommen, sondern vor allem auch große Augen und ungläubige Gesichter gesehen.

Begeistert war ich aber noch mehr, als selbst Veganer nicht glauben wollten, dass ich wirklich nur Tofu- und

Sojaprodukte verwendet hatte. Zugegeben, man muss wirklich schon sehr intensiv mit Gewürzen umgehen können, aber alles ist bekanntlich eine Lernsache und diese Erfahrungen waren es mir natürlich wert.
Genauso ist es auch mit Nudeln, die aus Hartweizengrieß hergestellt werden und halt nicht aus Eiern. Zum einen wird man den Unterschied nur in den allerseltensten Fällen schmecken können und zum anderen möchte ich gar nicht darüber nachdenken, was für eine Qualität von Eiern in diesen Produkten verwendet wurde.

Verbraucher werden schließlich nur mit dem Endprodukt versorgt und wie oft wir schon auf unterschiedlichste Form und Art getäuscht wurden, zeigen uns ja immer wieder die Berichte der vergangenen Zeit, wo sehr häufig Pferdefleisch oder Gammelfleisch in Produkten gefunden wurde oder die Berichterstattung von Hühnerfleisch mit Antibiotika.
Gerade letzteres kann echt schon sehr lebensbedrohend werden, wenn viel von dieser Sorte Hühnerfleisch verzehrt wird, denn der Mensch kann dann selbst in einem Krankheitsfall resistent gegen Antibiotika werden.

Erschreckend ist auch leider noch die Tatsache, dass viele Menschen die Vielfalt von Gemüse und Salaten im eigentlichen Rohzustand gar nicht kennen und vermehrt auf Gläser und Dosen zurückgegriffen wird.

Wie oft wurde eine Zucchini schon mit einer Gurke betitelt und eine Aubergine eher fragwürdig betrachtet. Ich selbst nehme gerne den Vergleich von frischen Möhren und den Möhren aus dem Glas oder der Dose.

Wenn man Möhren mal frisch zubereitet und dagegen die Erzeugnisse aus Dosen oder Gläsern vergleicht, wird man geschmacklich und vor allem auch qualitativ einen riesengroßen Unterschied für sich entdecken und zu sich nehmen.

Natürlich ist es einfacher, ein Glas oder eine Dose zu öffnen und zu verarbeiten, als erst die Möhren zu schälen und sie dann zu kochen. Allerdings ist es dann wieder die Frage, wie bewusst und vor allem gesund Sie sich wirklich ernähren möchten, denn Ihnen sollte klar sein, dass in allen abgepackten Produkten auch unzählige Mittel zur Haltbarkeit einen großen Bestandteil haben, die überhaupt nichts mit dem eigentlichen Erzeugnis etwas zu tun haben.

Wer sich wirklich gesund ernähren möchte, sollte daher schon bewusst darüber nachdenken, was er sich für Produkte kauft und setzt damit auch einen wesentlichen Grundstein dafür, dass er gesund bleibt.
Das belegen nämlich viele wissenschaftliche Studien und die Fakten sind nun mal erdrückend.

Vegetarier bekommen demnach viel weniger Krebs oder andere Krankheiten und so mancher Betroffene, der zum Beispiel an Rheuma leidet, schließlich sind das allein in Deutschland schon geschätzte fünf Millionen, sollte spätestens jetzt eigentlich aufatmen oder zumindest mal über seine tägliche Ernährung nachdenken!

Nicht selten bekam ich schon zu hören, dass man alleine wegen des Partners oder der Familie keine Umstellung in

der Ernährung machen könnte und ich dann ernsthaft gefragt habe, was wollen Sie eigentlich?
Wenn Sie an Ihren dauerhaften Beschwerden festhalten wollen, dann tun Sie das doch einfach. Grundsätzlich müssen Sie nichts tun, was Sie nicht selbst wollen! Allerdings weise ich dann noch einmal darauf hin, dass dieses Buch allein nicht zaubern kann und Sie sich die Anschaffung hätten sparen können, wenn Sie wirklich der Annahme waren, durch das Lesen ändert sich alles.

Fakt ist, die Psyche und die Ernährung haben einen sehr großen Einfluss darauf, wie gut es uns wirklich geht.

Wollen Sie persönlich wirklich **BESSER LEBEN**?

Wenn Sie diese Frage soeben mit einem deutlichen JA beantwortet haben, dann kann ich Ihnen sagen, es geht ganz einfach.

Es liegt nämlich in der Tat nur an **uns** selbst, sich über die eigentliche Ernährung wirklich einmal ernsthaft Gedanken zu machen und dann zu entscheiden, wie gut es uns gehen soll.

Wie schon beschrieben, ist dieses Kapitel sehr vielseitig und deshalb werde ich auch die Veganer nicht vergessen, denn immer wieder wird gesagt und geschrieben, dass die vegane Küche auch die gesündeste Ernährung sei.

Der eigentlich wertvollste Vorteil einer ausgewogenen veganen Ernährung ist natürlich klar erkennbar, denn man lebt gesünder, bewusster, vitaminreicher und hat mit der Protein- und Fettmast einfach nichts mehr am Hut.

Im Gegenteil, wenn man sich mal klar macht, wie viele Krankheiten im Leben tatsächlich auch etwas mit unserer täglichen Ernährung zu tun haben, dann kann auch diese Information spätestens ein Umdenken in den Menschen bewirken, die diesen Weg gehen möchten!

Natürlich wird es immer Kritiker geben, die bei dieser Ernährung zum Beispiel auf den Eisenmangel hinweisen werden, was aber wiederum nur auf die Unkenntnis hindeutet, denn bei einer ausgewogenen pflanzlichen Ernährung ist das überhaupt nicht der Fall und ich persönlich weise dabei auch gerne noch auf die vielen Nahrungsergänzungsmittel hin, die es im homöopathischen Bereich gibt und die man dazu auf jeden Fall noch zusätzlich einnehmen kann oder sollte, denn Mineralstoffe wie zum Beispiel Magnesium, wird vom Körper, unabhängig der Ernährung, benötigt.

Allerdings muss man eines natürlich dabei noch wissen, denn wer nun das Fleisch und alles Tierische weg lässt, die vollwertige Pflanzenernährung dann aber auch nicht mag und vernachlässigt und dann weiter als Pudding-, Joghurt- oder Junkfoodvegetarier unterwegs ist, der kann immer noch total zunehmen und krank werden.
Auch hier gilt eine alte Weisheit, ein bisschen Schwanger gibt es nicht.
Entweder man entscheidet sich ganz oder halt eben gar nicht dafür, Vegetarier / Veganer zu werden und sollte sich dann auch mit den Produkten vertraut machen. Es hilft also nicht, mal eine Woche vegetarisch zu leben, um sich danach wieder mit vielen Giftstoffen vollzupumpen.

Allerdings möchte ich hier erwähnen, dass es doch schon ein sehr guter Anfang wäre, wenn man mit einem Tag in der Woche beginnt, sich mal vollkommen gesund zu ernähren. Gleichzeitig kann man nämlich auch auf diese Art die einzelnen Produkte kennenlernen und wer weiß, vielleicht werden Sie dann so begeistert sein, dass sie die gesunden Tage schnell erhöhen möchten.
Wie gesagt, es kann nur als ein kleiner Anfang gesehen werden, denn nur wenn Sie sich wirklich ganz für die vegane Küche entscheiden, leben und ernähren Sie sich auch wirklich wie ein gesunder Veganer.

Gehen wir nun wieder einen Schritt weiter!

Die Nahrungsmittelindustrie hat mit Pharmakonzernen sehr viel gemeinsam, denn beide sind lediglich auf Profit bedacht und der Mensch ist nur solange wichtig, wie er ihnen das Geld in die Kassen spielt. Somit profitieren von den Beiden dann noch die Ärzte, denn auch diese Gruppe verdient das Geld an den kranken und nicht an den gesunden Menschen. Sicherlich gibt es Ausnahmen, was aber schon eher als eine Art von Randgruppe zu bezeichnen ist.

Dagegen sind es dann doch schon eher die „Heiler“oder Ernährungsberater, denen, wie mir selbst auch, daran gelegen ist, dass der Mensch wirklich gesund ist und vor allem bleibt. Natürlich gehe ich hier von einer absoluten Seriösität aus, die man aber heutzutage sehr schnell über das Internet erfahren kann.

Die häufigsten Todesursachen in westlichen Ländern sind nachgewiesen die Herz-Kreislauf-Erkrankungen, gefolgt von Krebs und an dritter Stelle kommen dann schon die Todesfälle durch Fehler in der Medizin!

Bleiben wir also bei dem bedrohlichsten Punkt, nämlich den Herzerkrankungen. Wir alle wissen, dass Rauchen, Stress, Übergewicht und mangelnde Bewegung nicht gut für unser Herz sind, schließlich habe ich das auch immer von Patienten als Erklärung auf meine Frage danach bekommen.

Sicherlich natürlich vollkommen richtig, aber, der hohe Cholesterinspiegel, der Bluthochdruck, Vitaminmangel und das Übermaß an tierischen Fetten, sowie schädlichen Ballaststoffen, wurde dabei fast nie erwähnt.

Das Herz ist mit das wichtigste Organ, denn es hält den Fluss unseres Blutes in Bewegung und gleichzeitig ist es symbolisch auch der Sitz unserer Seele. Sie kennen das sicher von den Aussagen, das Herz sei berührt, das Herz sei in die Hose gerutscht oder uns schlägt das Herz bis zum Hals, was bedeutet, dass wir Ängste und Emotionen mit unserem Herzen fühlen und spüren. Also muss unser Herz als erstes geschützt sein.

Somit ist auch unser Cholesterinwert sehr wichtig, der im übrigen nicht, wie viel medizinische Organisationen fest und stur behaupten, nur unter 200mg/dl, sondern tatsächlich sogar unter 150mg/dl liegen sollte.

Von ärztlicher Seite ist das fast nie ein Problem, da viele Ärzte dann halt cholesterinsenkende Mittel verschreiben, wobei es wesentlich bessere Alternativen gibt, als diese gefährlichen Fettsenker von den vielen Pharmakonzernen

zu schlucken, denn auch die vegane Ernährung sorgt alleine sehr schnell dafür, dass sich der Cholesterinspiegel im absolut grünen Bereich befindet und selbst **Grüner Tee** kann diesen Spiegel senken.
Cholesterin hat eine besondere Aufgabe, denn der Körper produziert es eigenständig und ist dazu ein sehr wichtiger Stoff für unsere Geschlechtshormone, für unsere Nerven und hat einen großen Anteil an unserer Fettverdauung. Zuviel davon wirkt allerdings schädlich, denn bekanntlich ist ein zu hoher Cholesterinwert ein Indikator für Herzprobleme und deshalb gilt es darauf zu achten.

Der nächste Punkt sind unsere Milchprodukte und es ist tatsächlich nicht von der Hand zu weisen, dass diese bei der Entstehung von Krebs eine große Rolle spielen, wie im übrigen auch das minderwertige Fleisch, was viele wissenschaftliche Untersuchungen zweifelsfrei belegen!

Milch und Milchprodukte sind weder gesundheitlich, noch moralisch einwandfrei. Sie sind problematische Fett- und Eiweißbomben, enthalten den, für viele Menschen, unverträglichen Milchzucker und sind echte Hormoncocktails. Da helfen dann leider auch keine Zusatzanmerkungen auf der Verpackung, dass die Milch zum Beispiel schonend behandelt worden sei.

Was also für Säuglinge und Kleinkinder noch gut war und ist, schadet uns dann plötzlich später und deshalb gibt es viele begründete Aussagen, dass man nach dem Abstillen mit Milchprodukten aufhören sollte.

Es gibt viele Berichte darüber, dass Betroffene mit Hautproblemen ihre Allergie durch Meiden von Milch in den

Griff bekommen haben und vielerlei Medikamente nicht mehr benötigten, was inzwischen auch schon Mediziner langsam zum Umdenken bringt. Nach und nach nehmen auch sie sich diesen Themen an, was doch schon sehr bemerkenswert ist.

Ein Beispiel dazu ist die bekannte pasteurisierte H-Milch, auf deren Verpackungen meistens auch eine „glückliche“ Kuh abgebildet ist, wobei die Realität dann doch eher so ist, dass die Masse dieser Tiere nie den Himmel oder die Sonne gesehen haben. Würde man diese Milch einem neugeborenen Kalb geben, würde es bald sterben, denn diese Art von abgetöteter Milch beinhaltet kein Leben mehr.

Wissen sollte man nämlich, dass pasteurisierte Milch nicht keimfrei wird und pathogene Keime erhalten bleiben können. Sicherlich war man immer davon ausgegangen, dass man diesem Zustand nicht unbedingt eine gesundheitliche Bedeutung zukommen lassen brauchte, doch inzwischen hat man Zusammenhänge gefunden, dass sich dort wohl doch einige Keime, als potenzielle Krankmacher, verstecken und die bringt man mit der Diagnose *Morbus Crohn* in Verbindung.

Weiter ist dazu inzwischen belegt, dass je nach Menge des Kuhmilchkonsums, auch die Diabetes 1 viel gravierender auftritt.
Somit ist auch die Diabetes 2 nicht weit entfernt, die im wesentlichen von der Zufuhr von Fett in der Ernährung bestimmt wird.

Eine weitere Erkenntnis ist dann noch, dass die Aussagen von früher, Milch würde unsere Knochen stark machen, leider überhaupt nicht stimmt, denn die Deutschen gehören zur Spitzengruppe der Milchkonsumenten und haben mit die größte Anzahl von Osteoporosepatienten. Speziell hier sollte man noch wissen, dass die Messungen der Knochendichte auch kein guter Indikator für die Gefahr von Osteoporose und somit eigentlich sinnlos sind.
Als Faustregel gilt hier nämlich, je mehr pflanzliches Eiweiß und je weniger tierisches Eiweiß in unserer Nahrung enthalten ist, umso geringer ist die Osteoporosegefahr.

Lektüren dazu gibt es ausreichend und wer sich gesund ernähren möchte, dem bietet die Ernährung Kokosmilch, Hanfmilch, Mandelmilch, Getreidemilch, Sojamilch und Reismilch als Alternativen.

Auch das Seelenleben spielt hier eine wahnsinnig große Rolle und je weniger Ballast wir uns aufladen, umso gesünder können wir nach vorne gehen.

Stellen Sie sich dazu bitte mal vor, Sie würden einen Ziegelstein in der Hand halten.

Für eine Minute, wird das ganz sicherlich kein Problem sein.

Für eine Stunde, werden Sie bestimmt schon Schmerzen in Ihrem Arm verspüren.

Für einen ganzen Tag wird es passieren, dass Ihr Arm taub wird, verkrampft und Lähmungen zeigt.

Und nun stellen Sie sich Ihren Stress, Ihren Ärger, Ihren Kummer, Ihre Belastungen mal in Ihrem Körper vor. Je länger Sie sich damit belasten, umso mehr verletzen Sie sich auch innerlich, ohne das Sie das manchmal schon gleich äußerlich erkennen können. Trotzdem macht Ihr Körper genau das gleiche, was Ihnen Ihr Arm in diesem Versuch schon vor Augen führt.

Deshalb ist es wirklich überaus wichtig, dass Sie Ihre Sorgen, Ängste, Probleme und Belastungen auch lösen können und sie halt nicht zum Dauerzustand bei Ihnen werden, ansonsten kann es irgendwann sehr schlimm und schmerzhaft werden.

Diese Erkenntnis können wir aber wirklich nur dann bekommen, wenn wir uns mal bewusst mit uns selbst beschäftigen und uns klar vor Augen führen, wie es uns eigentlich wirklich geht und was uns seelisch belastet.

Hier ist jetzt wieder Ihr Wille und Ihre Bereitschaft gefragt! Es nützt niemanden etwas, wenn Bücher gelesen werden, der Inhalt aber nicht umgesetzt wird. So ist es auch mit vielen klugen Sprüchen und Zitaten, die gerne in den Mund genommen, aber leider viel zu oft nicht umgesetzt werden.

Es sind und waren nie die Worte die zählen, sondern immer nur die Taten!

Sobald man sich darüber dann klar ist, sollte man auch etwas für seine Seele tun, denn nur so kann man dann beginnen, in sich selbst aufzuräumen.

Sie entscheiden dabei auch selbst, ob Sie es ganz allein machen möchten oder sich adäquate Hilfe dazu nehmen, denn auch Menschen wie ich oder meiner Berufsgruppe können dazu beitragen, dass Sie sich wieder wohlfühlen.

Es gibt niemanden, der Ihnen ein wunderbares Leben zaubern kann, außer Sie selbst!

Allerdings müssen Sie auch den Willen dafür haben!

Kommen wir weiter zu dem Punkt **Kohlenhydrate** und dieses Wort wird gerne von den Zuckeressern verwendet, denn für sie ist es schon eine Art von Alibi.

Das durch raffinierte Kohlenhydrate allerdings auch Insulinresistenz und Dickdarmkrebs gefördert werden, wissen nur die wenigsten. Deshalb muss man gerade bei diesem Punkt unterscheiden, ob wir raffinierte oder vollwertige Kohlenhydrate zu uns führen.

Raffinierte und damit schädliche Kohlenhydrate finden wir im weißen und braunen Zucker, in Weißmehlprodukten und in denen daraus hergestellten Süßigkeiten.

Vollwertige und damit sehr gesunde Kohlenhydrate bekommen wir über frisches Obst und Gemüse, Reis und Getreide, Hülsenfrüchte, Vollkornprodukte und Kartoffeln.

Leider sieht man hier auch schon sehr oft, wie einfach es sich der Mensch macht. Hat er ein gesundheitliches Problem, geht er zum Arzt und nimmt dann meist alles in Kauf. Von der Diagnose, bis hin zu dem, was dieser ihm dann verschreibt, wobei man inzwischen auch klar erkannt hat, dass die Schulmedizin, bis auf Ausnahmen, schon längst überholt ist und sicher noch ein Großteil der Ärzte und eben Pharmakonzerne an ihr festhalten.

Hier wird viel zu wenig darüber nachgedacht, welche gesunden Alternativen der Mensch hat, ohne sich die Chemie antun zu müssen. Möchte man ja auch gar nicht, schließlich leben die Pharmakonzerne und die Ärzte sehr gut von dem Abverkauf der vielen Medikamente.
Dabei haben wir alle Möglichkeiten, unserem Körper ein gewisses Maß an Vorsorge zu bieten, denn Ballast- und Mineralstoffe, sowie diverse Nahrungsergänzungsmittel und Vitamine gibt es reichlich und sind oft noch nicht einmal teuer.

Viele weitere Informationen zu wichtigen Vitaminen und Nahrungsergänzungsmitteln habe ich bereits in meinem Buch **„Es ist doch d(ein) Leben!“** veröffentlicht.

So findet man zum Beispiel Vitamin D, was vorbeugend für Krebs und Osteoporose ist, in Pilzen oder durch die Sonne, die dieses Vitamin in uns produziert. Allerdings blockiert man dieses Vitamin durch Tierprotein, da es den Organismus übersäuert.

Die Sonne lässt uns Glücksgefühle bewusst erleben und ist für uns eine ganz besondere Heilquelle. Allerdings ist es sehr wichtig, ein Sonnenbad auch richtig zu nehmen!

Der Körper muss langsam, mäßig und regelmäßig an die Sonne gewöhnt werden und selbstverständlich ist jeder Sonnenbrand zu vermeiden.

Es gibt eine ganze Reihe von Experten, die inzwischen davon reden, dass die meisten Menschen hierzulande „übersäuert" sind. Schuld ist sicher zum einen unsere moderne Lebensweise, denn Stress, Umweltbelastungen und Bewegungsmangel führen mit dazu, dass die Säuren in unserem Körper immer mehr werden. Zum anderen aber stellt gerade die Ernährung den Säure-Basen-Haushalt häufig auf eine viel zu harte Probe und sorgt dafür, dass wir täglich im Risikoreich leben.
Somit brauchen wir uns dann nicht zu wundern, wenn der Körper reagiert und sich wie ausgelaugt fühlt, Vitalität verloren geht und gesundheitliche Beeinträchtigungen die Folge sind.

Wer dagegen eine ausreichende basische Ernährung gewählt hat, wird sicher auch die Energie und Lebensfreude in sich spüren können.

Deshalb möchte ich Ihnen auch anraten, sich selbst einmal über IHREN Borwert zu erkundigen, den Ihr Hausarzt auf Ihren Wunsch ermitteln kann.

Ein weiterer überaus sehr wichtiger Punkt ist die Versorgung von Flüssigkeit für unseren Körper und es reicht einfach nicht aus, wenn sogenannte weibliche oder männliche „Kaffeetanten" sich den ganzen Tag nur von und mit Kaffee versorgen. Kaffee ist sicher ein tolles Getränk, aber es gilt auch da wieder, alles in Maßen.

Kaffee bringt sicher einige Menschen in den Tag, bei dauerhaftem Konsum, wird dieses Getränk aber ganz klar zum Energiekiller.

Jeder Mensch weiß, dass es für den Flüssigkeitsbedarf bei dem Menschen eine festgeschriebene Menge gibt, die bei etwa 2,5 Liter pro Tag liegt.

Nicht ich habe diese Menge erfunden, sondern sie ist schon so alt und bekannt, dennoch wird sie von vielen Menschen einfach ignoriert.

Damit ist jetzt sicher nicht der Alkohol als Menge gemeint, denn darauf brauche ich sicher nicht eingehen, denn Alkohol ist zwar Flüssigkeit, aber halt in der Menge und als Masse auch schädlich.
Selbst das, bei vielen Menschen gern getrunkene und bevorzugte Leitungswasser, ersetzt bei weitem nicht die erforderlichen Mineralstoffe, die wir als Mensch täglich wirklich brauchen.
Denken Sie bitte daran, der Körper verbraucht sehr viel an Stoffen, die wir ihm auch wieder zuführen müssen. Das nennt man dann einen gesunden Kreislauf.

Gerade im Sommer oder bei körperlich anstrengenden Tätigkeiten, fängt die Mehrzahl der Menschen an zu schwitzen, was auch gesund für den Köper ist. Allerdings müssen wir unserem Körper auch wieder ausreichend Flüssigkeit zu führen, damit es uns gut geht und es nicht zu Kreislaufproblemen kommen kann.

Wenn jetzt die Tank- oder Ölleuchte an Ihrem Auto anspringen würde, wäre Ihr nächster Halt natürlich sofort die Tankstelle, aber das gibt es bei uns Menschen nicht.

Im Gegenteil, immer wieder gibt es etliche Personen, die zum Arzt gehen, weil sie halt Beschwerden haben, die auch sehr viel mit der täglichen Trinkgewohnheit zu tun haben, ganz einfach deshalb, weil die Bedarfsmenge für den Körper nicht ausreichend war.
Es gibt wirklich Menschen, die trinken den ganzen Tag so gut wie nichts und wundern sich dann auch noch, warum der Körper ihnen so viele Warnsignale gibt.

Dabei kann dann der Kreislauf instabil werden und es kann zu einem Kollaps kommen. Die Nieren können nicht mehr richtig arbeiten und bekommen daraufhin einen Leistungsverlust. Zwei wenige schwerwiegende Beispiele, die Ihnen vor Augen halten sollen, wie wichtig es ist, dass Sie Ihren Körper auch mit Flüssigkeit pflegen und versorgen.

Wenn Ihnen die Menge zu viel ist oder Sie auch zu den Menschen gehören, die das Trinken einfach vergessen, dann stellen Sie sich morgens die gesamte Menge schon vor sich hin, damit Sie am Tag genau wissen, was getrunken werden muss. Hilfreich ist auch, sich hierbei vielleicht einer App auf dem Handy zu bedienen, die einen immer wieder an das Trinken erinnert.

Nicht selten wird der dann der Abend sogar noch zum Erfolgserlebnis, wenn man alles geschafft hat, wobei ich Ihnen aber sagen kann, es ist auch nur eine Gewohnheit.

Wenn man es wirklich will, trinkt man die Menge bald täglich von ganz allein, weil es dann im Rhythmus liegt.

Es ist einfach wichtig, dass wir uns bewusst vor Augen führen, dass unsere gesamte Ernährung, sowie auch ein Wasser verschiedene Zusatzstoffe beinhalten sollte, die von unserem Körper gebraucht werden.

Wem die Bedeutung von Wasser noch nicht klar sein sollte und nicht weiß, welchen hohen Wert und welche Qualität tatsächlich auch Wasser hat, dem lege ich gerne die vielen großartigen und interessanten Berichte von dem Parawissenschaftler und Alternativmediziner Dr. Masuro Emoto ans Herz.

Der Mensch braucht Zusatzstoffe genauso, wie er auch täglich eine Dosis an lebensnotwendigen Vitaminen benötigt.

Vitamine, was für ein Begriff, denn jeder Mensch kennt das Wort und nur die wenigsten sorgen tatsächlich für einen ausgewogenen Haushalt.

Wir wissen alle, dass eine Zitrone oder eine rote Paprika sehr viel Vitamin C enthält, doch wie oft denken wir daran, dass es unserem Körper auch zugeführt werden muss?

Gerade in der heutigen Zeit, wo wir oftmals auf eine falsche Ernährung zurückgreifen, sollten wir auf keinem Fall unsere Vitaminzufuhr vergessen, die es im übrigen auch unzählig als Kapseln oder Brausetabletten in vielen

Drogerien und Einkaufsmärkten zu kaufen gibt, wobei man bitte auch hier auf die Qualität achten sollte. Erwähnen möchte ich allerdings, dass teure Produkte nicht immer auch die besseren Produkte sind, deshalb sollte man sich schon etwas genauer darüber informieren.

Ich weiß, einige Menschen werden jetzt sagen, dass die natürlichen und frischen Vitamine wesentlich besser sind und auch mehr bringen. Das weiß ich selbstverständlich, aber besser man nimmt wenigstens auf diese Art schon wichtige Vitamine zu sich, als eben gar nicht, denn selbst wer viel Obst zu sich führt, hat noch lange keine Garantie dafür, dass sein Vitaminspiegel auch stimmt!

Viele Menschen sind heutzutage auch im Besitz eines Entsafters, aber ich selbst kenne inzwischen wirklich nur ganz wenige Personen, die dieses Gerät wirklich täglich benutzen und sich damit zum Beispiel ihre Drinks kreieren, die natürlich absolut gesund und in keinerlei Weise mit irgendwelchen Tabletten zu ersetzen ist.

Nicht wenige Menschen haben zum Beispiel desöfteren in der Nacht Krämpfe oder oftmals auch das berühmte Augenzucken, was sehr unangenehm ist und nicht selten einfach nur eine Reaktion des Körpers aufzeigt, dass er Magnesium braucht, was im übrigen sowieso ein ganz wichtiger Mineralstoff für den Körper ist und täglich zur Nacht hin eingenommen werden sollte.
Sobald wir es dann eingenommen haben, lindert es oft sehr schnell die Beschwerden und wenn diese dann wieder weg sind, dann vergessen wir auch oft wieder die Einnahme.
Bis uns der Körper irgendwann wieder daran erinnert!

Wir sind uns oft überhaupt nicht bewusst, dass wir Mineralstoffe wie zum Beispiel Eisen, Calcium, Magnesium oder Vitamine wie A, B1, B2, B6, B12, C und Spurenelemente wie Jod, Zink, etc. dem Körper noch zuführen müssen, damit es uns wirklich gut geht.
Viele Menschen sind mit ihren Krankheiten bereits in der Behandlung von Ärzten und damit dann der festen Meinung, der Arzt würde mit seinen Medikamenten schon alles ausreichende verschreiben.

Noch einmal, für die Vitamine und Mineralstoffe sind ganz alleine Sie persönlich verantwortlich, das wird Ihnen der Arzt nicht abnehmen und es ist erwiesen, dass sich durch die Einnahme von diversen Vitaminen und Mineralstoffen, viele Krankheitsbilder verbessert oder sogar zurück gebildet haben.

Gerade Magnesium ist nämlich ein sehr wichtiger Mineralstoff, der dauerhaft die Leistungsfähigkeit und das Wohlbefinden in uns enorm steigert und auch für unser Nervensystem erhebliches leisten kann.
Etliche Menschen, die häufig unter Müdigkeit leiden oder sich oftmals erschöpft fühlen, haben sich durch die „richtige“ Einnahme von Magnesium nach einiger Zeit deutlich besser gefühlt.

Es gibt wirklich so viele Beschwerden, für die wir teilweise selbst verantwortlich sind, also sollten wir darüber immer wieder mal nachdenken. Unser eigenes Fehlverhalten ist es nämlich auch, was dann den ein oder anderen Arztgang erübrigt!

Ich habe mittlerweile eine Reihe von sogenannten „Trinkmuffeln“ getroffen und begleitet, die von Angstzuständen und Kopfschmerzen, bis hin zu schmerzhaften Waden- oder Fußkrämpfen, immer wieder ihre Beschwerden hatten und durch ein vollständiges Pflegen des Körpers davon befreit wurden.

Deshalb kann ich Ihnen nur noch einmal anraten, achten Sie auf sich und sorgen Sie dafür, dass Ihr Körper regelmäßig Vitamin C, Calcium, Magnesium, Eisen, Omega 3 und Vitamin B6, welches es auch als Komplex gibt, bekommt und da es alles rein pflanzliche Dinge sind, wird Ihr Körper in der Regel auch nichts dagegen haben und sich freuen, sofern Sie sich an die empfohlene Tagesdosis halten, die im übrigen auf allen Präparaten vorhanden ist und als Hinweis steht.

Lesen müssen Sie es allerdings allein!

Allerdings gilt auch hier grundsätzlich eine sehr wichtige Anmerkung, nicht alles, was pflanzlich ist, kann und sollte bedenkenlos eingenommen werden, denn auch pflanzliche Mittel können Nebenwirkungen haben!
Ich empfehle Ihnen daher grundsätzlich, sich mit einem Apotheker, Arzt oder Heilpraktiker abzusprechen und sich auch im Internet genauestens zu informieren.

Kommen wir schließlich noch mal zu der Frage, was ist eine „gesunde“ Ernährung?

Das muss sicherlich jeder für sich selbst entscheiden und wollen, denn ich kann hier nur klar sagen, je gesünder, desto besser und wenn das sicherlich auch ganz klar die

Veganer sind, so bedeutet das nicht, dass Sie jetzt einer werden müssen!

Mir geht es einzig und alleine darum, Ihnen bewusst zu machen, dass Sie sich „bestens" **gesund** ernähren!
Es würde auch nichts nützen, nun als Veganer oder Vegetarier zu leben, wenn Sie das selbst gar nicht wollen, denn Sie hätten eine neue Baustelle in sich, die Sie leiden lässt und genau das gilt es ja zu verhindern.

Um in den Gleichklang mit sich selbst zu kommen und **BESSER LEBEN** zu können, müssen wir das, was wir tun, von Herzen her tun, weil wir es wollen, weil wir davon überzeugt sind, weil wir dafür brennen und weil wir es wirklich wollen. Egal was andere denken oder sagen, wir tun es schließlich für uns, weil es uns auch Spaß macht. Nur dann fühlt sich der Körper und Ihre Seele auch gut!

Letztendlich geht es im wesentlichen eigentlich nur darum, so wenig wie möglich, qualitativ wertlose, tierische Produkte zu sich zu nehmen und auch einfach mehr auf pflanzliche Erzeugnisse zu achten, um damit als weiteren schönen Nebeneffekt die Erhaltung der Schöpfung zu wahren.

Wer also auf sein geliebtes Frühstücksei nicht verzichten möchte, sollte wenigstens auf Bio-Eier oder noch besser auf die Eier vom ländlichen Bauernhof zurückgreifen und diese dann in Maßen zu sich zu nehmen.

Möchte man sich nun doch auf eine vegane Ernährung umstellen, wird niemand auf etwas verzichten müssen, denn die Produktpalette ist sehr vielseitig, sofern man sich wirklich eingiebig mit ihr auseinander gesetzt hat. Dazu gibt es wirklich viele Informationen im Internet und tolle Bücher, mit relativ einfachen Rezepten, die den Einstieg wesentlich vereinfachen.

Vielleicht schauen Sie auch einfach mal in einen Bio-Laden rein und informieren sich mal dort vor Ort über die Produkte und über die Vielfalt. Aus Erfahrung kann ich sagen, dass Bio-Läden wirklich sehr gutes Personal haben, die einem Kunden mit Rat, Tat und Empfehlung zur Seite stehen und wo man sich wirklich auch trauen darf, alles zum Thema Vegan oder Vegetarisch zu erfragen.

Erwiesen ist jedenfalls, dass Veganer doch wesentlich leistungsfähiger sind, gesünder leben, eine gute Vorsorge betreiben und größtenteils auch eine schlanke Figur vorweisen können. Vielleicht auch der Grund, warum etliche Sportler oft bekennende Veganer oder Vegetarier sind.
Zumindest ist es auch eine tolle Art, glücklicher und auch zufriedener durch das Leben zu gehen und Glück ist ja bekanntlich auch ansteckend.

Dazu ist der größte Punkt immer noch der, dass sich bei ca. 70% der Patienten, die eine Ernährungsumstellung unternommen haben, die Krankheiten wieder zurück gebildet haben und was gibt es schöneres, als GESUND durch das Leben zu gehen!
Wenn Sie auf Fleisch in Maßen wirklich nicht verzichten möchten, ist das sicherlich auch kein Problem.

Allerdings sollten Sie sich dann auch das Fleisch mit der entsprechenden Qualität im Fachgeschäft kaufen und nicht an diesem Erzeugnis sparen wollen.

Zum Schluss kommt nun noch ein Punkt, bei dem ich auch immer wieder in große Augen geschaut habe, wenn ich den Verzicht auf eine Microwelle angesprochen habe.

Auch hier gibt es unzählige Studien, dass gerade diese Geräte der Nahrung sämtliche Werte herausziehen.
Ihre Speise wird zwar erwärmt, was der eigentliche Sinn ist, aber zurück bleiben leider nur schwere Ballaststoffe, die vom Körper auch nur als Ballast gesehen werden.
In vielen Studien war das Ergebnis klar deutlich, dass Menschen, die sehr viel mit diesem Gerät arbeiten, auch wesentlich kränker sind und Figurprobleme haben.

Sie sehen also, es gibt sehr vieles, auf was der Mensch achten kann und vor allem auch sollte, aber ob er es auch wirklich tut, dass entscheidet jeder für sich allein.

Sicherlich war dieses Kapitel schon etwas ausführlich geschrieben und sollte eine kleine Hilfestellung sein, dennoch müssen Sie auch wissen, was Sie wollen und was Ihnen gut tut.

Eine persönliche und auf Sie eigens zielgerichtete Ernährungsberatung, sofern Sie daran mal Interesse haben, können Sie gerne bei einem Ernährungsberater Ihres Vertrauens bestellen, der dann auch alles weitere mit Ihnen besprechen wird.

Meine Psyche und ich?

Unser Seelenleben, was grundsätzlich bei jedem Menschen anders zum Vorschein kommt und letztendlich natürlich auch sehr viel mit den Erfahrungen, Sorgen, Belastungen, Kummer, Ängsten, Problemen und dem Gemüt eines Einzelnen zu tun hat, kann uns auf unterschiedliche Art und Weise große Streiche spielen, aber auch wesentlich verändern und kaum einem Menschen ist wirklich bewusst, was eine belastete Seele so alles ausrichten kann.

Sicherlich muss man bei einem Krankheitsbild auf die Ernährung schauen, aber auch die seelischen Gründe spielen immer eine sehr große und überlagerte Rolle.

Wussten Sie, dass weit über 80% unserer Krankheiten im Kopf ihre Zentrale haben, also über die Psyche gesteuert und geregelt werden, ja sogar auch darüber enstehen?

Oftmals hat der Mensch erst durch seelische Belastungen und Kummer nicht nur seine eigenen Krankheiten, sondern dazu nicht selten auch noch Gewichtsprobleme bekommen.
Es ist schon lange bewiesen, dass glückliche Menschen weniger Krankheiten vorzuweisen haben, als eben die Menschen, deren Psyche belastet ist. Deshalb ist es auch immer überaus wichtig, einen Verlust, eine Sorge, eine Angst, den Kummer, die Probleme oder eine Belastung adäquat zu behandeln. In der Regel hilft da das Reden über die eigenen Emotionen, damit Bilder, Eindrücke, Worte und Erlebnisse neu zugeordnet werden können. Ansonsten wird man immer alles im Kopf und was noch

viel gewichtiger ist, im Unterbewusstsein behalten und somit seelisch angeschlagen bleiben.

Denken Sie immer daran, Sie können sich und Ihr bewusstes Denken belügen, aber nicht Ihr Unterbewusstsein, denn das speichert immer die Wahrheit ab und meldet sich regelmäßig bei Ihnen!

In wirklich vielen Fällen hilft auch die psychologische Beratung, wobei ich hier aber darauf hinweisen möchte, dass Termine bei Fachärzten und über die Kassen oftmals nur langfristig zu bekommen sind und Menschen gerade in diesem Punkt mal umdenken und sich fragen sollten, ob es nicht besser wäre, sich dann Privat die richtige Hilfe zu suchen. Dieses Geld wird damit schließlich in Ihre Gesundheit investiert und ist daher mit Sicherheit eine sehr gute und langfristige Investition.

Oftmals habe ich diesbezüglich dann schon zu hören bekommen, dass sich das viele Menschen gar nicht leisten könnten, was ich persönlich aber bezweifle, weil ich davon überzeugt bin, dass man sich mit den Kosten gar nicht vertraut gemacht hat. Zum anderen finde ich, dass es immer eine Möglichkeit gibt, sofern man es halt wirklich für sich selbst auch möchte.
Schließlich entscheidet auch das jeder für sich allein.

Wenn Sie mit Ihrer Krankheit schon ärztlich behandelt werden, ist das erst einmal gut so und zwar deshalb, weil Ihre Beschwerden bekannt sind, kontrolliert werden und Sie sogar vielleicht auch schon die Aussicht auf eine Heilung haben, denn keiner kennt so gut wie Sie Ihren Genesungsprozess.

Darüber hinaus gibt es wirklich gute Ärzte und man darf auch die Schulmedizin nicht immer nur schlecht reden. Allerdings gibt es auch wahnsinnig viele Menschen, die schon jahrelang unter ihren Beschwerden leiden und wo noch nichts wirklich gut und dauerhaft geholfen hat. Doch haben Sie sich wirklich mal ernsthaft Gedanken darüber gemacht, welche vielseitigen Möglichkeiten auch die alternativen Heilmethoden mit sich bringen und vor allem, wie unterstützend diese heilen und helfen können?

Für mich ist es ehrlich überhaupt nicht nachvollziehbar, dass es sehr oft wissenschaftlich bestätigte und sogar nachweisbar erfolgreiche Methoden bei den vielen verschiedenen Krankheiten gibt, die dann von etlichen Menschen aus Bequemlichkeit oder mangelndem Vertrauen nicht wahrgenommen werden möchten. Wenn man doch die Chance bekommt, durch einen anderen Weg seine Beschwerden wesentlich zu lindern oder sogar auch zu verlieren, warum probiert man es dann nicht?

Ich habe sicher sehr viel Verständnis, aber ganz ehrlich, wenn ein Mensch bewusst krank bleiben und weiter leiden möchte, dann fehlt mir das doch in diesem Zusammenhang total. Allerdings habe ich persönlich auch das Leben vollkommen zu schätzen gelernt und weiß inzwischen, dass jeder seines Glückes Schmied ist.

Nur eine Bitte habe ich, diese Menschen sollen sich dann auch nicht ständig selbst bemitleiden und vor allem nicht das nahe Umfeld darunter leiden lassen, denn wer es nicht wenigstens auch mit anderen Dingen oder Mitteln mal probiert hat, der ist in meinen Augen selber schuld.

Für mich gibt es keine Aufgabe, denn im Leben kann man einen Brief aufgeben, aber niemals sich selbst!

Viele Menschen sind sich wirklich nicht darüber bewusst und beschäftigen sich auch erst gar nicht damit, wie viel wertvolle Alternativen wir im Leben noch haben. Teilweise denkt man noch nicht einmal darüber nach, wie diverse Krankheiten in den früheren Jahrzehnten und vor allem in den Jahrhunderten behandelt worden sind.

Das wir in Deutschland auch echte Koryphäen unter den Heilpraktikern haben und wie viel tolle Möglichkeiten wir in diesen Bereichen aus China, Russland oder sogar Afrika bekommen können.

Ich beschäftige mich seit sehr vielen Jahren schon mit den alternativen Bereichen, auch weit über die Grenzen unseres Landes hinaus und kann nur immer wieder sagen, es ist faszinierend, wie einfach man sehr oft manche Beschwerden, aber auch Krankheiten wegbekommen hat, wo vorher über einen langen Zeitraum ausschließlich nur Chemie verwendet wurde.

Wir müssen lernen, bestimmte Belastungen für uns anzunehmen oder sie halt eben loszulassen, wobei der Wille zählt und die Hoffnung auch immer zuletzt begraben wird. Von daher lohnt sich jeder Weg, um wieder wirklich glücklich zu werden. Auch ich selbst rede da ja bekanntlich aus Erfahrung.

Gefühle werden viel zu häufig unterdrückt, was uns nicht gut tut, deshalb sollten wir gerade um unsere Gefühlswelt kein Geheimnis machen und schon gar nicht in unserem Privatleben!

Wenn es einem Menschen nicht gut geht, hat er ein Recht darauf, das auch zu zeigen, denn wenn es ihm gut geht, tut er das ja in der Regel genauso. Leider schämen sich aber viele Menschen für ihre Gefühle oder wollen damit anderen nicht zur Last fallen oder sie auch ganz einfach nur nicht verraten.

Das ist FALSCH! Gefühle haben einen Ursprung und sind Emotionen, die gelebt werden müssen, egal in welche Richtung, denn sie zu unterdrücken ist auch etwas belastendes für unser Seelenleben.

Wenn Sie das Gefühl haben, Sie möchten mal weinen, dann tun Sie das, denn auch Tränen erleichtern unseren Gemütszustand und lassen uns hinterher wieder klarer sehen.

Das Herz und unsere Seele sehnen sich grundsätzlich nach innerem und äußerem Frieden und viele Menschen verbinden es mit dem schönen Wort „Harmonie“.

Wenn ich die Gesellschaft auf die Bedeutung von diesem Wort angesprochen habe, wurde es sehr oft mit anderen Personen in Verbindung und dann mit dem Zustand der Zufriedenheit in Verbindung gebracht.
Eine nicht vorhandene Zufriedenheit bedeutet also gleichermaßen, dass wir in unseren Gedanken völlig unzufrieden sind und das nagt teilweise sehr kräftig in und an uns, denn wir halten unsere Gedanken ja weiterhin aufrecht in diese Richtung.

Doch wo kommt der innere Frieden nun eigentlich her und vor allem, was verbinden wir wirklich damit?

Liegt es daran, dass wir nicht erfolgreich sind, uns vielleicht nicht attraktiv genug fühlen oder wir uns selbst einfach nur schlecht und als Versager hinstellen?

Wir selbst haben es in der Hand, uns diesen Gedanken zu entsagen und in die andere Richtung zu denken. Wir können uns innerlich und äußerlich so stark aufstellen, um selbstsicher, selbstbewusst und mit einem hohen Selbstwertgefühl das Leben genießen zu können.

Wie wichtig es nämlich ist, mit seiner Seele im Einklang zu sein und diese bereinigt zu haben, zeigen uns immer wieder Erlebnisse von Betroffenen, die sich mit Mut und Tapferkeit ihrer Krankheit, dem Schicksal oder einfach dem Leben gestellt haben.
Gerade bei Krankheiten hat man sehr oft gesehen, dass Kämpfer belohnt worden waren und ihre Krankheit besiegt hatten.

Dazu kenne ich persönlich einen Fall, in dem einem Mann diagnostiziert wurde, dass er nur noch sehr wenige Monate zu leben hätte. Natürlich muss solch eine Nachricht ein schwerer Schock sein, aber es wird wohl immer außergewöhnliche Menschen geben. Zumindest tat dieser Mann von diesem Zeitpunkt an wirklich alles, was er schon immer tun wollte und war mit jedem Tag glücklich darüber, dass er noch solch eine schöne Zeit erleben durfte.
Jeder Tag brachte ihm bewusste und intensiv erlebte Glücksgefühle und die Zeit wurde plötzlich immer

länger. So lang, dass er nach einem halben Jahr wieder zu seinem Arzt ging und er daraufhin erneut untersucht wurde. Sehr aufwendig, denn auf einmal waren die ganzen Symptome nicht mehr vorhanden und seitens des Arztes fand man für diesen Zustand keine Erklärung, zumal die alten Bilder alle Diagnosen bestätigten.

Für Wissenschaftler, Heiler und Menschen, die sich mit der Quantentheorie beschäftigen, ist das allerdings nichts neues, denn wie wir wissen, können wir uns selbst heilen, wenn wir uns damit beschäftigen.
Dieser Mann war zwar nun relativ mittellos, da er seine Zeit wirklich aufwendig gelebt hatte, aber er war wieder gesund und was noch viel wichtiger war, auch glücklich.

Solche Beispiele gibt es wirklich sehr viel und zeigen uns nur, dass wir mehr können, als wir es im Leben bewusst tun. Schließlich nutzen wir leider nur 5% von unserem Gehirn und damit auch nur 5% von unserem Potenzial!

Wir erleben das in dieser Form auch nicht selten bei den Autoimmunkrankheiten und je besser wir uns aufgestellt haben, umso höher ist auch unsere Selbstverwirklichung. Dagegen erkrankt diese Sorte von Menschen schon eher, die Probleme, Konflikte, Ärger, Kummer und Sorgen täglich in sich tragen.

Natürlich können wir auch weiterhin im alten Trott bleiben und uns dann jegliche Art von Medikamenten verschreiben lassen, aber jedes Krankheitsbild ist es wert, von uns selbst abgelehnt zu werden.
Wenn wir weiter mal schauen, was in den letzten Jahren für neue Krankheitsbilder und Scheinallergien dazu

gekommen sind und wie hoch der Anstieg von diversen Krankheiten geworden ist, dann ist das alarmierend. Gleichzeitig steigen auch jährlich die Zahlen, in denen der Mensch seelisch und psychisch belastet ist und wird. Alles, wirklich alles kann von uns gesteuert werden, wenn wir das wirklich wollen und vor allem, wenn wir es bewusst wollen und leben. Es nützt nämlich überhaupt nichts, wenn man sich etwas vorsagt, was man nicht auch innerlich fühlt. Wir müssen die Vergangenheit loslassen und für das Leben brennen, es ist und bleibt das größte Geschenk, was wir haben und ich appelliere an jeden Menschen, wenn ich sage, Ihr kennt sicher alle die Vergangenheit, Ihr kennt auch alle die momentane Lage, also die Gegenwart, aber niemand von Euch kennt auch nur annähernd die Zukunft und wie die wird, hängt allein von Euren Gedanken und von Eurem eigenen festen und unbändigen Willen ab.

Immer wieder muss man sich die Frage stellen, was will ICH denn eigentlich wirklich?

Jeder neue Tag kann wirklich dazu genutzt werden, umzudenken und positiv nach vorne zu schauen, sofern und das sage ich immer wieder, es jeder auch will!

Es gab schon unzählige Geschichten von Menschen, denen man zum Beispiel nach einem Unfall mitteilte, dass sie nie wieder gehen oder laufen könnten und für immer an das Bett oder den Rollstuhl gefesselt bleiben würden.

Und es gab immer wieder diese Sorte von Kämpfern, die das nicht akzeptieren wollten. Ihr Herz, ihr Verstand und ein unbeugsamer Wille veranlassten sie einfach dazu, alles zu tun, um wieder mit den Beinen nach vorne zu gehen, was sie auch zum größten Teil geschafft haben. Es gibt auch nicht wenige Menschen, die unter einem Verlust leiden und sich dem Leben fast völlig entsagen und verschließen.

Auch hier kann ich nur immer wieder raten, sich solch einem Schmerz zu stellen und ihn wirklich mit Hilfe, professionell und adäquat behandeln zu lassen.
In solch einer Behandlung geht es nicht darum, dass man etwas vergessen soll, das kann man schließlich nicht, sondern man lernt, dass man sich dem Leben wieder stellen kann und neue Menschen in sein Leben lassen kann. Es wird nie darum gehen, dass jemand einen anderen Menschen ersetzen soll, sondern eher darum, dass man für sich wieder eine Freude am Leben zulässt und sich öffnen kann, denn das ist sehr wichtig. Was geschehen ist, können wir nicht mehr ändern, aber es wird immer Menschen geben, die für uns da sind und auch welche, die uns neu und auf eine andere Art nach vorne tragen werden, wenn wir nach vorne schauen.

Gerade diese Gefühle sind es, die in einem Körper sehr viel Macht haben und den Menschen auf sehr unterschiedliche Art verändern können.

Wie viele Patienten laufen teils jahrelang mit intensiven Magenbeschwerden von einem Arzt zum anderen, bekommen immer wieder irgendwelche Medikamente verschrieben, die lindern aber nicht heilen können, weil der Patient stets neue Magenbeschwerden in sich hinein frisst.

Deshalb ist es für jeden Menschen so wichtig, dass wir Gefühle nicht unterdrücken, sondern aus uns raus lassen.

Je intensiver Sie das tun, umso besser wird es Ihnen auch gehen, doch den Zeitpunkt bestimmen Sie ganz alleine.

Es ist und bleibt ständig das magische Gesetz der Anziehung, worüber schon viele namhafte Autoren geschrieben haben.
Egal, ob es *The Power* oder *The Secret* war oder ist, es gab und gibt Menschen, die sich ihre Kraft geholt haben und jetzt bewusst danach leben. Mit Erfolg!

Ein weiterer Punkt ist auch ausreichend Schlaf!

Schlaf ist sehr wichtig und wer müde ist, die Zeit, sowie auch die Gelegenheit hat, sollte seinem Körper eine Ruhephase geben. Oftmals tun es Menschen nicht, aus Rücksicht auf andere Personen, was man sicher mal machen kann, was aber nicht die Regel werden sollte. Sie bestimmen schließlich, was Ihrem Körper gut tut und so behandeln Sie ihn bitte auch.
Hören Sie mehr auf sich selbst und Ihren Körper!

Wenn Sie das Gefühl verspüren, dass Sie einen Mittagsschlaf machen möchten und die Bedingungen es auch zulassen, dann tun Sie es.
Gehen Sie mit sich in Einklang und hören Sie auf das, was Ihnen Ihr Körper sagen will.

Genauso ist es auch mit der Bewegung, denn unser Körper braucht regelmäßig körperliche Aktivitäten und ein altes Sprichwort sagt ja auch aus, „Wer rastet, der rostet". In wie weit Sie sich damit auseinandersetzen, bestimmen Sie ganz allein, dennoch muss man auch hier klar sagen, es gibt heutzutage für jeden Geschmack und auch für jeden Problemfall etwas, sofern man sich selbst wirklich betätigen will.

Die meisten Menschen wissen zwar immer sofort, was sie alles haben oder erreichen möchten und wogegen sie sind, aber wirklich nur die wenigsten wissen auch, <u>wofür</u> sie sind.

Bevor Sie irgendwelche Menschen fragen, sollten Sie sich selbst erst einmal über etwas klar werden.

Wofür leben <u>Sie</u> eigentlich?

Was wollen <u>Sie</u> in Ihrem Leben?

Wie und wo wollen <u>Sie</u> in der Zukunft stehen?

Welche Qualität verbinden <u>Sie</u> mit der Zukunft?

Es ist Ihr Leben und nur für Sie sind das die wichtigsten Fragen überhaupt, um mit sich selbst in den Gleichklang kommen zu können. Es geht schon lange nicht mehr darum, was Sie „*eigentlich*" wollen, sondern viel mehr um das, was Sie selbst **„wirklich"** wollen und natürlich auch um das, was Sie überhaupt nicht wollen.

Wer nämlich Klarheit für sich geschaffen hat, der kann auch mit einem Ziel nach vorne gehen. Ansonsten gleicht Ihr Leben einer Achterbahn und es ist nur ein ständiges rauf und runter. Am Ende bleiben Sie ganz einfach traurig, verbittert oder enttäuscht!

Machen Sie das Leben nicht von anderen Menschen oder Ihrem Umfeld abhängig, sondern schauen Sie auf sich selbst! Dazu gehört in erster Linie, dass Sie selbst ehrlich, aufrichtig, liebevoll, herzlich, respektvoll und glücklich sind und das nicht von einer anderen Person abhängig machen.

Besinnen Sie sich darauf, wer SIE wirklich sind und vergleichen Sie sich schon gar nicht mit anderen Menschen. Es ist nämlich überhaupt nicht wichtig, was andere Menschen von Ihnen halten oder erwarten, sondern einzig und allein, was Sie von sich halten, wie Sie sich selbst einschätzen, wie sich selbst sehen und was Sie selbst wirklich wollen!

JEDER Mensch ist etwas besonderes und kann etwas, was ein anderer Mensch nicht kann. Es gilt immer wieder, dass man sich darauf konzentrieren muss, denn Sie haben ein Recht darauf, Sie selbst zu sein. Menschen werten sich leider sehr häufig selbst ab, weil sie etwas nicht so gut können, wie ein anderer oder sie vielleicht auch nicht so „gut" aussehen.
Besinnen Sie sich doch einmal auf Ihre Stärken!

Sie müssen sich selbst komplett annehmen, lieben, achten, respektieren und sich vor allem auf Ihr Selbstwertgefühl, sowie Ihr Selbstbewusstsein besinnen. Kopien gibt es schon genug, aber nur die Unikate sind wirklich wertvoll! Sie müssen lernen, sich selbst erst einmal anzunehmen und richtig aufzustellen. Wer sich selbst lieben kann, wird auch viel besser einen anderen

Menschen lieben können. Wer sich selbst respektiert, wird auch sein Umfeld viel besser respektieren können. Wer sich selbst vertraut, wird auch seinen Mitmenschen viel besser Vertrauen geben können.

Vertrauen ist dabei **sehr** wichtig, denn nur wenn wir anfangen, uns selbst mehr zu vertrauen, beginnen wir auch dem Leben gesicherter entgegen zu treten. Wir müssen nicht das Leben träumen, uns mit irgendeiner anderen Person identifizieren, die wir niemals sind und auch niemals sein werden.

Jeder von uns ist ein Unikat und besonders wertvoll!

Es ist unser Leben, in dem wir die Hauptrolle besetzt haben. Wir müssen uns das Leben so gestalten, dass wir uns darin wohlfühlen und dazu gehört vor allem auch eine gesunde Seele! Diese wird Ihnen dann schon sehr bald Ihre eigene Schönheit vor Augen führen und Sie innerlich, sowie äußerlich positiv verändern.

Hören Sie auf, Erwartungen zu haben, zu stellen oder mit irgendwelchen Menschen oder Dingen zu verbinden, denn jede Erwartung bedeutet, Sie warten auf etwas und wenn das dann nicht eintritt, aus welchen Gründen auch immer, sind Sie enttäuscht, weil Sie sich selbst schon im Vorfeld getäuscht haben.

Lernen Sie die Leichtigkeit des Lebens anzunehmen und leben Sie, so gut es geht, einfach planlos und ohne Erwartungen nach vorne, denn alles wird kommen, was Sie nicht verlangen, erwarten und suchen.

Das bedeutet jetzt ganz sicher nicht, dass Sie nur noch auf der faulen Haut liegen brauchen und alles kommt trotzdem zu Ihnen! Das Gesetz der Resonanz beruht auf die Anziehung und wer faul und träge leben möchte, wird auch nur das anziehen! Für sein Glück muss man mmer etwas tun und der Fleiß wird dann auch belohnt!

Lassen Sie die Vergangenheit los, denn diese liegt hinter Ihnen und kann nicht mehr verändert werden. Wer mit seinen Augen und seinen Gedanken ständig in der alten Zeit ist und lebt, der konzentriert sich nicht ausreichend mit dem Blick nach vorne.
Diese Energie können Sie viel besser für die Zukunft einsetzen, denn dann haben Sie auch etwas davon!

Und mal ehrlich, haben Sie schon mal einen Autofahrer gesehen, der bei seiner Fahrt ständig in den Rückspiegel schaut?

Wohl eher nicht, denn es würde nicht gut gehen und so ist es auch mit unseren Gedanken, die jeder Mensch für sich beeinflussen kann.

Ich weiß, dass man das alles nicht von heute auf morgen erreichen, abstellen oder ändern kann. Rom wurde ja schließlich auch nicht in einer Nacht gebaut, deshalb nehmen Sie sich einfach Zeit und lassen Sie wieder die Erwartungen weg, dann kommt alles schneller, als man es denkt.

Liebe kommt immer, ohne zu suchen!

Auch wenn dieser Punkt noch immer einige Kritiker mit sich bringen wird, werde ich dennoch weiter hinter dieser Aussage stehen, denn die Erfahrungen von mir selbst und natürlich auch von vielen anderen Personen, bestätigen diese Aussage einfach.

Was suchen wir eigentlich wirklich, wenn wir an Liebe denken?

Es gibt viele Menschen, die nun sagen werden, natürlich ehrliche und wahre Liebe! Allerdings geht es dann schon los und es wird eine Liste herunter gerasselt, die mit wahr und ehrlich nur noch wenig zu tun hat und nicht selten auch die Oberflächlichkeit eines Menschen zeigt. Nicht selten sollte man sich dann fragen, ob man sich selbst eigentlich auch noch als Mensch sieht. Was da sehr häufig alles gesucht, verlangt und auch erwartet wird, übertrifft wirklich so manche Vorstellungskraft eines Menschen.

Wenn ich Klienten im Laufe der letzten Jahre gefragt habe, was sie unter Liebe verstehen und wofür sie einen Partner suchen, dann haben mich nämlich die Antworten nur ganz selten überrascht.
Die Mehrheit erklärte mir, dass die „**Liebe**" für sie das wahre Glück, teilweise sogar die Erfüllung wäre und die Liebe für Angehörige, Kinder und auch Tiere das Wertvollste sei, was ein Mensch haben kann. Ein Partner ihnen dann aber Harmonie, Liebe, Vertrautheit, Glück, Wohlbefinden, Sicherheit, Wärme und vieles mehr geben würde, könnte oder nicht selten sogar auch müsste.

Doch ist das wirklich so, dass erst ein Partner in das Leben kommen muss, damit man diese ganzen Werte vermittelt bekommt und genießen darf?

Und läuft das dann so ab, dass ich den Partner erst dann liebe, wenn er mich auch liebt? Schließlich verlange und verbinde ich ja mit dem Partner, dass er nun der Garant für mein Glück und mein Leben sein soll.

Genau das ist für mich der Punkt, wo ich bewusst rebelliere, denn es ist in meinen Augen falsch!

Werden Sie einfach mal locker und schrauben Sie Ihre Erwartungen an einen Menschen runter, denn diese Bauanleitung in Ihrem Kopf wird niemanden auf Dauer glücklich machen und schon gar nicht Sie selbst. Das eigentliche Zentrum für Ihr Handeln ist Ihr Herz und erst wenn das offen, ehrlich und liebevoll ist, dann wird man es Ihnen auch ansehen und anmerken. Anders gesagt, erst wenn Sie selbst glücklich sind, dann kann ein Partner noch etwas zu Ihrem Glück beitragen, aber kein Partner kann Sie glücklich machen, wenn Sie es selbst nicht sind, aus welchen Gründen auch immer.

Glück vermehrt sich nur dann, wenn man es auch in sich selbst trägt!

Alles was wir nach Außen leben, ist und bleibt ein Spiegel unseres Innenlebens, teilweise bewusst, teilweise aber auch unterbewusst.

Jeder Mensch, der uns im Laufe des Leben begleitet, hat eine bestimmte Aufgabe, denn es gibt keine „Zufälle"

und es wird sich zeigen, ob Menschen bei uns bleiben oder wir einfach für eine gewisse Zeit etwas von ihnen lernen durften, auch wenn das manchmal weh tun kann und viele Menschen sagen, sie hätten darauf verzichten können.
Nein, denn Sie haben diese Menschen selbst angezogen und es war wichtig, dass Sie noch lernen, um dann mit einem anderen Blick und einer weiteren Erfahrung weiter nach vorne gehen zu können.
Selbst wenn Sie der festen Annahme sind, dass Sie sich die ein oder andere Erfahrung hätten sparen können, das höre ich ja schließlich sehr oft, dann waren Sie einfach noch nicht soweit und haben auch dort etwas gelernt!

In der heutigen Zeit, einen Partner für das Leben zu finden, scheint auf den ersten Blick ziemlich leicht zu sein.
Dank dem Internet haben wir uns alle ziemlich verändert und nutzen das weltweite Netz sehr häufig, um für uns das Beste, in jeglicher Situation und Lage zu suchen und zu finden.

Sicher eine sehr wirkungsvolle und natürlich teilweise auch effiziente Sache, wenn es um materielle Dinge oder einfach nur Informationen geht.
Doch wenn es um den richtigen Partner oder sogar die große „Liebe“ geht, dann sehe ich das doch eher etwas zurückhaltender, wobei es immer und überall Ausnahmen gibt und auch weiterhin geben wird. Doch wie das Wort schon sagt, es bleiben einfach Ausnahmen und wo bleibt die Masse?
Und sollten wir uns dann nicht auch mal ernsthaft fragen, ob es nicht sein kann, dass diese Ausnahmen auch im

wesentlichen sehr viel genügsamer waren und halt nicht soviele Anforderungen gestellt haben, wie das bei vielen Menschen heutzutage der Fall ist?

Oder kann es sein, dass diese Menschen vielleicht schon längst im Gleichklang mit sich selbst waren?

Singleportale schießen wie Pilze aus dem Boden und locken mit immer vielversprechenderen Aussagen und Bildern neue Mitglieder an. Natürlich auch mit Kosten verbunden, die teilweise nicht ganz unerheblich sind. Das es in solchen Portalen aber auch Profile gibt, die einfach nur darauf ausgerichtet sind, verschiedene Mitglieder auf Dauer an sich zu binden, wird von vielen Betroffenen nicht registriert.

Wie auch, schließlich schreiben wir an eine unbekannte Person, von der wir meistens einige persönliche Angaben haben, oftmals auch ein Bild, welches uns erstmal super gut gefallen hat und wo uns Antworten nicht selten in eine Art von Rauschzustand bringen.

Plötzlich lesen wir da liebe Worte, die uns erwärmen, träumen lassen und uns vollkommen von der Realität abbringen. Es sind genau die Worte, die uns berühren, sogar verzaubern und leider auch blind werden lassen. Wir verschließen uns so sehr, dass wir das eigentliche Geschäft mit der Liebe nicht mehr sehen können oder manchmal auch gar nicht wollen.

Einfach nur Worte, die dafür sorgen, dass wir uns gut fühlen und uns manchmal sogar lächeln lassen.

Im Gegenteil, wir wollen ja noch viel mehr von diesen schönen Zeilen lesen und werden schon fast süchtig danach. Dafür gibt es nicht selten Personen, die eigens dafür sorgen werden, dass der User, also der Suchende immer wieder gelockt wird.

Sie müssen sich vorstellen, dass es eigens für diese Aufgabe dann Menschen gibt, die den ganzen Tag nichts anderes machen, als suchenden Usern besondere Zeilen zu schicken und bei wem sie dann ankommen, der kann nicht zwischen Echt und Fake unterscheiden.

Wer mich in einer bestimmten Fernsehshow gesehen hat, kennt schon meine Kernaussage, nämlich das der Mensch grundsätzlich nicht für das Alleinsein geschaffen ist.

Fakt ist nämlich, dass gerade das ungewollte Singleleben sehr oft zu depressiven Verstimmungen führt oder führen kann.
Dem Mensch fehlt einfach die ersehnte Zweisamkeit, die Harmonie, die Wärme, die Schulter zum Anlehnen oder einfach der Partner, mit dem man jeden Tag sein Leben verbringen und vor allem genießen möchte.
Nicht selten bleibt dabei dann auch die Ernährung auf der Strecke, denn nur wenige Singles kochen tatsächlich für sich frische Produkte und greifen dann doch lieber zu Fast-Food oder Tiefkühlprodukten, wobei da ja nicht alles schlecht ist. Trotzdem ist das Kochverhalten in einer Beziehung nun mal meistens intensiver und Liebe geht ja bekanntlich auch durch den Magen.
In wie weit ein jeder Single diesen Weg der Partnersuche geht, das bestimmt auch jeder für sich selbst. Mich hat das Thema eine Zeit lang brennend interessiert, ganz

einfach weil ich doch einige Menschen gefunden habe, die auf unterschiedlichste Weise mit der Singlesuche ihre Erfahrungen gemacht und dabei leider auch viel Lehrgeld bezahlt haben.

Ohne darauf jetzt schon einzugehen, ich persönlich habe aber nur ganz wenige Menschen gefunden, der seinen Traumpartner auf diesem Weg gefunden hat, wobei ich natürlich nicht ausschließen möchte, dass es das auch tatsächlich noch mehr gibt und es wirklich machbar ist.
Die Frage, die man sich hierbei allerdings stellen muss ist doch eher die, was bin ich bereit zu tun und welche Wege kann und möchte ich gehen?

Nicht jedem Menschen ist es gegeben, dass er sich mit einem Foto in der Öffentlichkeit präsentieren kann oder möchte, was ja fast in jedem Singleportal gefordert wird, damit überhaupt Zuschriften erfolgen können oder werden.
Allerdings ist die Gefahr, dass Kollegen, Nachbarn oder Familienmitglieder solch ein Foto dann auch im Netz finden können, schon sehr groß und hat nicht selten zu einigen peinlichen Situationen geführt.
In meinem Umfeld kenne ich jedenfalls genug Personen, die diesen Schritt ganz sicher nicht wagen würden, auch um ihren guten Ruf nicht zu verlieren.
Natürlich meldet man sich in diesen Portalen nur mit einem Pseudonym an, doch meist reicht es schon aus, die Postleitzahl anzugeben, um dann alle Singles aus der jeweiligen Stadt präsentiert zu bekommen.
Dazu kommt dann noch der Umstand, dass man sich mit den jeweiligen Interessierten auch irgendwann treffen möchte oder sollte ich lieber sagen, muss und manchmal

fragt man sich spätestens dann, warum man diesen Weg gegangen ist.

Wenn man nämlich dann ganz viel Pech hat, ist das Foto schon ein Fake oder einfach nur uralt gewesen und auch bei den vielen geschriebenen Übereinstimmungen, gibt es plötzlich sehr viele Bedenken, die uns dann zum Glück an allem zweifeln lassen.

Wie schon erwähnt, um in den Gleichklang mit sich selbst kommen zu können, muss unser Seelenleben stimmen und um dieses Kapitel schreiben zu können, habe ich über einen sehr langen Zeitraum aufwendig recherchiert und Personen mit ihrer Vielzahl von Erlebnissen interviewt.
Ich habe dazu sehr viel beobachtet und weiß auch, dass selbst diese diversen sozialen Netzwerke kein Garant dafür sind, dass man dort den Partner fürs Leben findet. Schließlich tummeln sich auch da alle Sorten von Menschen und ich finde es immer wieder erstaunlich, was man bei einigen dieser Menschen dann doch für diverse Gegensätze aufdeckt.

Natürlich beschreibt sich anfangs jeder Mensch von seiner allerbesten Seite und zählt auch ordentlich alles auf, was ihm so wichtig ist. Oftmals wird dann noch geschrieben, naturliebend, geht gerne spazieren, trifft sich sehr gerne mit Freunden, aber wenn man mal genauer hinsieht, ist diese Person ständig am Computer, egal um welche Uhrzeit und da kann das Wetter auch noch so schön sein.
Tja und wer jetzt meint, man könnte doch auch mit einem Handy im Internet vertreten sein, der hat natürlich Recht.

Allerdings sieht man dann bei einem Kommentar auch dazu ein Handysymbol. Sie sehen also, ich habe auf alles geachtet und meine Hausaufgaben gemacht.

Schauen Sie mal selbst und Sie werden sicher das ein oder andere Mal in Zukunft lächeln müssen, sofern Sie in solch einem Portal vertreten sind.

Allerdings sehe ich gerade diese Netzwerke inzwischen auch als sehr gefährlich an, denn viele Menschen leben bereits so sehr in dieser virtuellen Welt, dass sie das eigentliche Leben vergessen oder aber auch wesentlich vernachlässigen.

Keine Frage, dem passenden Partner zu begegnen ist wirklich nicht leicht, aber auch niemals hoffnungslos. Schon gar nicht, wenn Sie mit sich selbst in Gleichklang gekommen sind, denn dann erleben Sie nur noch Überraschungen und Sie entscheiden, in wie weit sie sich auf jede dieser Begegnungen einlassen. Ich rede ja auch da aus Erfahrung und kann eines mit Gewissheit sagen, wer glaubt, der richtige Partner würde mal eben so an der Haustür schellen, der lebt wahrscheinlich im falschen Film oder hat einfach nur eine viel zu große Portion Naivität in sich.

Nein, machen Sie sich frei von allen Erwartungen und wenn Sie wieder einem Menschen begegnen, lassen Sie Ihre Erwartungen los. Wer Sie finden will, wird Sie sowieso finden, wenn Sie dazu bereit sind.

Jede Stunde hat bekanntlich sechzig Minuten und in jeder Minute kann etwas passieren oder jemand in Ihr Leben treten, wenn die Umstände es zulassen. Dabei ist es dann völlig egal, wo Sie gerade sind und was Sie gerade tun.

Auf das „Suchen“ bauen natürlich auch die unzähligen Partnervermittlungen, die ständig mehr werden, um dann den suchenden Menschen teilweise bis zu fünfzehntausend Euro aus der Tasche zu locken und Sie haben richtig gelesen, ich habe es wirklich aufwendig recherchiert und konnte es am Anfang auch zunächst nicht glauben. Für diesen Markt werden speziell immer wieder neue Menschen gesucht und in Schulungen dann ausgebildet, um den Partnersuchenden soviel Geld wie möglich aus der Tasche zu ziehen.

Ich brauche sicher auch nicht zu erwähnen, dass dieser Markt tatsächlich funktioniert und die Bereitwilligkeit zum Zahlen wirklich gegeben ist.
Für mich ist das eher ein Spiel mit Emotionen, wobei der Mensch sehr oft auf der Strecke bleibt. Liebe kauft man sich nicht, Liebe kommt zu allen Menschen, die daran glauben und die in erster Linie sich selbst lieben können.

Die „Liebe“ hat den Ursprung im Herzen und entfaltet sich dort, wo wir ihr einen Platz geben.
Nie war es wichtiger, als bewusst zu begreifen, dass wir selbst die Liebe sein und fühlen müssen, damit wir die wahre Liebe auch anziehen können. Hier kommt wieder das magische Gesetz der Anziehung ganz besonders zum Vorschein, denn nur was ich selbst fühle und lebe, kann auch zu mir kommen und mit mir in völligen Gleichklang kommen.

Fragen Sie sich doch mal, warum wir in der heutigen Zeit, viel mehr mit dem Kopf arbeiten, als mit dem Herzen zu fühlen und vor allem, warum eine Ehe im Schnitt nur noch dreieinhalb Jahre hält!

Gehen Sie doch mal in eine Kontaktbörse und schauen Sie mal selbst, was dort alles steht, gesucht und vor allem erwartet wird.
Die Masse sucht dort immer einen treuen, humorvollen Partner, der in den meisten Fällen dann noch erfolgreich, bodenständig, attraktiv, groß, schlank, gebildet und ohne Altlasten sein muss, nebenbei noch mobil, Nichtraucher und kinderlieb ist und natürlich für immer das Glück mitbringt.

Sie können sich heutzutage nahezu alles im Internet bestellen, aber sicher nicht den Traumpartner, es sei denn, Sie schicken Ihren Wunsch ans Universum.

Wir sind viel zu viel Kopflastig und teilweise auch viel zu verkrampft, als das wir unserem Herz die nötige Aufmerksamkeit zukommen lassen und uns ehrlich die Frage stellen, was wollen wir eigentlich wirklich.

Deshalb möchte ich an dieser Stelle jetzt auch an den Punkt kommen, wo wir uns das ganz Bewusst werden lassen müssen.
Fakt ist, die Menschen, die erst gar nicht nach einem Partner gesucht haben, fanden diesen Menschen einfach und sind in den meisten Fällen auch wirklich glücklich geworden.
Wenn man diese Personen fragt, was sie ihrer Meinung nach anders gemacht haben, dann bekommt man häufig

zur Antwort, dass sie auch ohne diesen Partner schon sehr glücklich waren und das Glück sich nun einfach vermehrt habe.
Weiter haben sie halt keine Erwartungen an den Partner gehabt oder gestellt, sondern die Zeit einfach laufen und alles auf sich zukommen lassen. Somit wurden sie ohne jeden Zwang einfach immer wieder überrascht und auch belohnt.

Bei mir war das sicherlich auch nicht anders und wenn ich heute auf mich selbst zurückblicke, dann weiß ich, warum es so wichtig gewesen ist, sich aufzustellen und mit sich selbst erst einmal in Gleichklang zu kommen.

Die Erfahrungen von anderen Menschen zu hören ist das eine, sie aber selbst zu machen, ist für mich natürlich viel wichtiger und viel bedeutsamer, denn nur so kann ich dann auch am besten mitreden.
Es wird beim Lesen meiner Zeilen immer zwei Sorten von Menschen geben, darüber war ich mir schon immer im klaren. Die eine Sorte hat eine Liebe schon erlebt und erfreut sich vielleicht noch immer an ihr und die andere Sorte wird vieles nicht glauben können und hinter den Worten verstecken, „*Warte mal, bis die rosarote Brille nicht mehr auf der Nase sitzt*“.

Doch was ist eigentlich eine rosarote Brille?

Vielleicht auch nur eine Art von Blick, bei dem man sich nicht gleich alles richtig anschaut und wo man bereit ist, sich täuschen zu lassen?
Oder gibt es auch eine „Lupenbrille“, die gleich von Anfang an sehr ehrlich, offen und genauer in alle

Richtungen auf die neuen Geschehnisse schaut und wo man sich einfach mal überraschen lässt, was sich denn alles entwickelt?

Wie auch immer, mir ist das letztendlich ziemlich egal, denn ich war in allen meinen Dingen immer sehr authentisch und werde es natürlich auch jetzt bleiben. Und ein wenig nehme ich auch noch das Alter mit ins Boot, denn ich bin davon überzeugt, dass man mit Anfang Fünfzig die Dinge dann doch ein wenig anders, realistischer und erfahrener für sich selbst einschätzen kann.

Auf jeden Fall weiß ich, dass auch ich immer ein Mensch war, der Liebe oder besser gesagt, eine Partnerin gesucht hatte. Das diese Beziehungen nicht von Erfolg gekrönt waren, erlebte ich dann immer erst wesentlich später und immer waren die Trennungen mit einigen Emotionen behaftet, mal mehr, mal weniger und manchmal waren sie sogar auch verletztend.

Ich selbst war Anfang 2012 endlich an einem Punkt angekommen, wo ich für mich selbst beschloss, keine Frau mehr zu suchen. Im Gegenteil, ich lernte mich selbst neu anzunehmen und aufzustellen, denn ich realisierte, dass ich für die erlebten Beziehungen viel zu schade war und diese Frauen mich auch in keinster Weise verdient hatten. Das klingt jetzt für den ein oder anderen etwas arrogant oder überheblich, aber das soll es gar nicht damit ausdrücken, sondern eher selbstbewusst und das man diese Beziehungen einfach losgelassen hatte und mit keiner dieser Frauen im Bösen lag. Nein, ich hatte ihnen vergeben, denn sie konnten oder wollten es nicht besser und LIEBE war für mich viel zu wertvoll, als das ich sie in einer drittklassigen Beziehung verbrachte, in der ich selbst nicht glücklich war.

Alles hat einen Sinn im Leben, aber wenn etwas aus meinem Leben verschwindet, dann nur deshalb, weil es meinem Glück nicht förderlich war und das darf ich auch für mich ganz alleine entscheiden, denn inzwischen kann ich sehr gut auf mein Inneres und meinen Körper hören.

Glücklich zu sein, steht bei mir an oberster Stelle und wenn ich das nicht bin, muss ich hinterfragen können, warum es nicht so ist.
Selbstverständlich weiß ich, dass nicht jeden Tag die Sonne scheinen kann und es vielleicht in einer Beziehung auch mal zu einem Gewitter kommen kann, aber mal ganz ehrlich, darauf kommt es doch auch gar nicht an und darum geht es schließlich nicht. Im Grunde kommt es immer darauf an, wie gehe ich denn mit Menschen um und vor allem dann, wenn die Sonne mal nicht scheint und wir vielleicht mal nicht unseren besten Tag haben?

Der Respekt und die Achtung zu dem Menschen kann ich nur dann aufbringen, wenn ich ihn auch zu mir selbst habe!

Damit komme ich nämlich jetzt zu meiner eigentlichen Aufstellung, die auch mein persönliches Leben komplett verändert hat. Ich besann mich das erste Mal in meinem Leben wirklich auf mich selbst und hinterfragte meine innerliche Einstellung, warum eine Frau für mein Leben so wichtig sein sollte und stellte fest, dass mein Leben ohne eine Partnerin genauso schön war.

Jeden Tag tun zu können, was man wollte, ohne die ständigen Kompromisse eingehen zu müssen, gepaart von einer herrlichen Art von Selbstliebe und schließlich das Wissen, dass man sein Leben auch wirklich gut allein leben konnte, machte mich plötzlich sehr glücklich und ich lebte nur noch den Augenblick. Besser gesagt, ich lebte jeden Tag so, wie er sich für mich präsentierte, in seiner ganzen Vielfalt, ohne auch nur die geringsten Erwartungen an die Zeit in sich zu haben. Ich war sicher offen für alles, aber eine Frau musste diesen Einklang zu mir selbst nicht mehr unterbrechen. Dazu kamen auch die Erfahrungen, die man ja immer zwangsläufig im Leben machen durfte und mich erkennen ließen, dass dieser Typ Frau, den man sich insgeheim wünschte, sowieso nur sehr schwer zu bekommen war. In meinen Beziehungen kann ich bedenkenlos sagen, war immer ich der Part, der gegeben hat, vieles, manchmal alles gemacht hatte und dann doch immer wieder getäuscht und verletzt wurde. Also wozu dann wieder diese Einschränkungen oder vielleicht bitteren Erfahrungen?

Nein, das Leben ist schön, auch ohne eine Beziehung.

Vielleicht hört es sich jetzt etwas abgestumpft an, aber ich für mich sage an dieser Stelle jetzt, ich entwickelte gleichzeitig auch eine Art von Desinteresse, das mich aber soweit öffnete, dass ich für eine neue Art von Kennenlernen bedingt empfänglich war, denn ich hatte ja auch weiterhin mit vielen Kontakten zu tun.
Und genau das wurde auf einmal die Zeit, in der ich gar nicht mehr suchen musste und immer mehr Kontakte zu Frauen bekam, die intensiv an mir Interesse zeigten.

Selbstverständlich muss ich ehrlich zugeben, dass ich natürlich alle meine Antennen auf Vorsicht eingestellt habe oder besser gesagt, ich habe keine Erwartungen und somit bin ich absolut offen, für ehrliche Gespräche. Masken werden ja bekanntlich immmer erst später abgezogen und freundlich kann oder sollte man auf jeden Fall in Gesprächen ja immer sein.

Ich habe durch den Gleichklang mit mir selbst gelernt, grundsätzlich keine Erwartungen mehr zu stellen, denn wer erwartet, ich wiederhole mich, wird auch irgendwann enttäuscht, das ist das magische Gesetz der Anziehung und schon gar nicht konnte ich davon ausgehen, dass ein Mensch so ist, wie ich es selbst bin, denn ich wurde so erzogen, dass ich mich immer so gab und präsentierte, wie ich auch wirklich war oder bin.

Bei mir gab und gibt es einfach keine Masken, denn ich mag diese Art von Schauspielerei nicht, denn irgendwann muss man diese Masken ja eh abziehen. Immer wieder hatte ich das in der Vergangenheit unter Beweis gestellt und es verwunderte mich schon lange nicht mehr, wenn andere Menschen erst später ihr wahres Gesicht zeigten. Allerdings rechneten diese Personen dann auch nie mit meiner Konsequenz, denn Unehrlichkeit wird sich im Leben nie auszahlen und zumindest ich werde mich dann immer automatisch verabschieden.

Also passiert es natürlich zwangsläufig, dass man einem neuen Menschen auch eine neue Chance gibt und ich kann schon jetzt verraten, auch ich bin nicht vor Maskenträgern oder Schauspielern gefeit.

Wer uns bewusst ein anderes Bild vorspielt, den können wir erst mit der Zeit entlarven, wenn er das bis dahin nicht schon selbst getan hat.

Somit habe auch ich eine Chance zugelassen und dann doch „relativ“ schnell festgestellt, dass zu vielen Worten einfach die Taten fehlten oder auch vieles, was ich am Anfang erzählt bekommen hatte, einfach nicht in die Tat umgesetzt oder plötzlich bedeutungslos wurde.
Immer mehr konnte ich erkennen, dass ich als Partner keine wirkliche Wertschätzung mehr bekam, weil einfach viele andere Dinge immer wichtiger wurden.

Natürlich brachte auch ich für viele Dinge das nötige Verständnis auf, aber wo war eigentlich das Verständnis für mich?
Wer fragte eigentlich mich, ob ich glücklich war?
Reden verbindet oder trennt, aber wer nicht offen redet, wird auch nie eine ehrliche Antwort erhalten.

Immer wieder lenkte ich bewusst solche Gespräche in diese Richtung, damit man Lösungen finden konnte und wo ich nach und nach feststellen durfte, dass diese gar nicht gewünscht waren. Der Wunsch nach einer guten und harmonischen Beziehung, für die beide etwas taten, war nur einseitig vorhanden und nach solch einer Erkenntnis sollte man dann auch handeln und sich halt trennen.

Meine Konsequenz hatte ich ja bereits erwähnt und auch wenn es natürlich verdammt weh tat, es musste einfach sein. Eine Partnerschaft soll zum Glück beitragen und mir nicht mein Glück entziehen, denn ich denke schon auch an mich und die Zukunft. Deshalb weiß ich auch, dass ich es ganz sicher niemals wieder soweit kommen lasse, dass mein Seelenleben krank wird, denn wie schlimm die Folgen sein können, hatte ich ja bereits in meiner Autobiographie schon beschrieben.

In meinem Privatleben lebe ich für die Liebe, das Herz und gebe für den Partner von Herzen her alles, allerdings muss ich auch fühlen können, dass mein Herz gewünscht wird und wenn das nicht mehr der Fall ist oder sich Menschen abwenden, dann muss ich Entscheidungen für mich selbst treffen.

Einen Menschen ausnehmen, egal auf welche Art, das können sie dann gerne bei anderen Menschen machen, aber nicht mehr bei mir.

Jeder Mensch hat das Recht auf sein GLÜCK!

Wie gefährlich aber Maskenträger wirklich sein können, zeigen uns immer wieder veröffentlichte Beiträge über diverse Straftaten in Verbindung mit der Suche nach einem geeigneten Partner.

Da schreiben sich Menschen eine ganze Zeit hin und her, glauben, dass sie der anderen Seite dadurch etwas näher gekommen sind und nun schon einiges von der Person wissen, haben untereinander so viele wunderbare und berührende Worte ausgetauscht, die mit ausschlaggebend dafür waren, dass man sich nun endlich treffen möchte und geraten dann an einen Menschen, der dafür sorgt, dass nichts mehr so ist, wie es vorher einmal war.

Etliche Gewaltverbrechen und Morde erschüttern uns und deshalb sollten wir uns bewusst machen, wie gefährlich auch eine Suche nach dem Partner sein kann. Selbst wenn Sie jetzt zu der Sorte gehören die sagen, sie würden sich doch wenn eh nur an öffentlichen Plätzen treffen oder dort, wo sowieso viele andere Menschen noch sind, es gab auch schon genügend Straftaten, die dann hinterher stattgefunden haben, nachdem man sich geschickt das Vertrauen erschlichen hatte.
Leider kennt die Falschheit keine Grenzen und bitte denken Sie auch mal an die vielen anderen Dinge, die Ihnen passieren können, wie zum Beispiel die bekannten K.O.-Tropfen, die Ihnen bei solchen Treffen immer, egal auf welche Weise verabreicht werden können.

Sie sollten sich deshalb wirklich bewusst darüber sein, welcher Gefahr Sie sich eigentlich aussetzen, wenn Sie einen Partner suchen und auf diverse Krankheiten will ich jetzt noch nicht einmal eingehen.

Ich weiß, das macht es jetzt erst einmal nicht alles leichter, aber vielleicht vorsichtiger und nachdenklicher.

Bleiben wir aber bei zwei Menschen, die einfach erkannt haben oder erkennen mussten, dass sie nicht zusammen gehören, aus welchen Gründen auch immer und egal, von wem aus das nun gesteuert wurde.

Es gab also erneut eine Trennung, die uns aber persönlich eigentlich nur aufgezeigt hat, dass wir wieder zu schnell und zu leichtgläubig nach vorne gegangen sind.
Im Nachhinein dann doch eine sehr gute und wichtige Erfahrung, denn das fehlte einfach noch zum völligen

Gleichklang, auch wenn wir das jetzt gerade nicht wahr haben wollen.

Natürlich tut solch eine Trennung weh, das ist natürlich vollkommen klar und jeder der tiefe Gefühle in sich trägt, dem kommt es so vor, als wollte uns dieser Schmerz in seiner ganzen Vielfalt zerreißen.

Wir müssen aber jeden Menschen respektieren und dazu gehört auch ein klares „NEIN“ zu akzeptieren, denn was unter einer Spannung weitergeführt wird, kann wirklich niemanden auf Dauer glücklich machen.

Letztendlich bekommen wir aber dadurch auch eine wirklich ganz große Bestätigung, denn **wenn** dem Partner tatsächlich auch nur ein kleiner Funke an uns gelegen hätte, dann wäre er uns sicherlich entgegen gekommen und hätte alles dafür getan, dass es niemals zu einer Trennung kommt. Das Desinteresse muss also doch wesentlich größer gewesen sein und das sollte uns bewusst werden.
Sie sehen, so groß können dann die Gefühle doch nicht gewesen sein und viele schöne Worte, die vorher ständig gesagt worden waren, sind hinterher nur noch Schall und Rauch und eine Seite hat sich eben aus der Beziehung alles das heraus geholt, was sie in dieser Zeit wollte oder benötigte.

Nicht selten bekommt man aber auch noch die letzte Bestätigung mit seinem Handeln danach, denn einige Menschen verlieren wirklich keine Zeit und bändeln dann schon wieder mit einem neuen Opfer an, der auch noch seine Erfahrungen machen darf.

Der alte Partner wird dann nicht selten einfach ignoriert und ist vergessen, so als hätte es ihn nie gegeben.

Wer natürlich so lebt, darf sich wirklich nicht wundern, wenn er im Alter dann irgendwann alleine ist und bleibt, denn alles kommt im Leben zurück. Selbst die Spuren der Täuschung, die wir bei anderen hinterlassen haben.

Allerdings sind wir noch bei den Maskenträgern und welche Alternativen haben wir denn sonst bitte?

Natürlich kommt es jetzt schon Mal auf die Gründe an, warum eine Beziehung kaputt gegangen ist, deswegen kann man das grundsätzlich auch nicht verallgemeinern, aber Sie sollten dennoch unterscheiden können, welche ausschlaggebenden Gründe tatsächlich dazu geführt haben und ob es wirklich nur eine Kleinigkeit oder ein Missverständnis gab oder doch schon eher ein großer Vertrauensbruch vorlag.

Und Sie müssen sich darüber klar sein, in wie weit Sie in Zukunft mit den Masken des anderen leben wollen oder sich damit arrangieren möchten.

Wenn wir einmal verletzt worden sind, müssen wir uns darüber bewusst werden, ob man das noch einmal mit uns machen darf oder kann. Fakt ist, die Gefahr einer Wiederholung ist oftmals gegeben und ich muss mich auch hier noch einmal wiederholen, der Mensch, der seinen Partner liebt, wird alles tun, dass es erst gar nicht dazu kommt.

Vor sehr vielen Jahren sang Howard Carpendale mal das Lied, „Liebe von gestern“ und genau dieses Lied ist in meinen Augen wirklich bezeichnend dafür, dass wir die eigentliche Wertigkeit einer Beziehung schon gar nicht mehr wahrnehmen.

Auch das möchte ich Ihnen gerne näher erklären, denn ich sehe es ja nun fast täglich und in vielen meiner Paartherapien.

Menschen sind sich oftmals überhaupt nicht bewusst darüber, wie wertvoll eigentlich wirklich ein Partner ist, was man auch unschwer daran erkennen kann, wie man vereinzelt miteinander umgeht. Natürlich gibt es viele wichtige Dinge, die nicht selten dazu führen können, dass sich die Partner manchmal etwas weniger sehen können und meistens ist das der Beruf. Dennoch möchte ich hier sagen, dass gerade eine glückliche Partnerschaft dazu führt, dass man in seinem Beruf erfolgreicher ist und auch viel besser mit dem Stress zurecht kommt. Gerade in der heutigen Zeit, wo viele Menschen unter einem enormen Leistungsdruck stehen, ist das sehr wichtig, nur wird es leider viel zu wenig erkannt.

Im Gegenteil, es wird heutzutage leider viel zu selten ein echter Zusammenhalt gelebt und sich nicht selten auch viel zu einfach getrennt und der Partner wird dann ganz einfach ausgetauscht.

Wo sind da bitte diese ganz großen Gefühle plötzlich hin? Diese vielen großen Worte, die man sich vorher ständig gesagt und geschrieben hat, haben auf einmal überhaupt keine Bedeutung mehr.

Dabei sollte den höchsten Stellenwert im Leben gerade eigentlich immer der Partner bekommen, denn er ist an unserer Seite und steht in guten, sowie in schlechten Zeiten hinter uns. Er ist der Mensch, auf den wir bauen können, dem wir bedingungslos vertrauen können und wo wir uns auch anlehnen können. Zumindest sollte es so sein, wenn wir von wahrer Liebe reden, ansonsten können wir es auch eine reine Zweckbeziehung nennen.

Um aber in den Gleichklang mit mir selbst zu kommen, möchte ich grundsätzlich immer glücklich sein und lasse nur die Beziehung in mein Leben, mit der ich mein Glück teilen darf und nicht eine, die mein Glück nur ziehen will.

Wo ich als Mensch einfach so sein kann, wie ich wirklich bin und wo ich vor allem das sagen kann, was mir auf der Seele brennt.

Wenn ich einen Partner an meiner Seite habe, dem ich etwas bedeute, dann akzeptiert dieser mich so, wie er mich auch kennen gelernt hat und versucht schon gar nicht, mich in irgendeiner Form zu ändern, zu verbiegen oder mich zu manipulieren, denn dann wäre ich ja nicht mehr die Person, die er am Anfang mal gewollt hat.

Ein ehrlicher, aufrichtiger und liebender Partner freut sich einfach jederzeit auf mich und zeigt mir das auch. Gerade in Fernbeziehungen ist es einfach mehr als nur wichtig, dass man die wenige freie Zeit, die man miteinander verbringen darf, auf allerhöchstem Niveau führt. Diese Stunden sind es schließlich, die uns wieder Kraft geben sollen, die Zeit zu überbrücken, bis man sich dann endlich wieder in die Arme schließen kann.

Früher hatten es die Menschen auch nicht unbedingt leichter, aber sie kannten überwiegend noch den Wert einer Liebe, einer Beziehung, einer Ehe und gingen wirklich durch gute und schlechte Zeiten. Hand in Hand, auf beide war meistens Verlass und für sie galt es mehr zu reparieren, als einfach wegzuschmeißen. Sie kannten den Wert eines Partners und viele Beziehungen wurden auf Augenhöhe geführt. Früher dachte man gar nicht über ein Verbiegen nach, man lebte einfach gemeinsam nach vorne.

Heutzutage ist vieles anders geworden und gerade die Kompromissbereitschaft wird immer mehr verlangt oder gefordert. Natürlich höre ich immer wieder, dass man auch mit Kompromissen leben muss, was vielleicht sicherlich auch irgendwo stimmt. Dennoch denke ich, dass man den eigentlichen Kompromissen gar nicht so sehr eine Bedeutung geben sollte. Schließlich gibt es welche, die uns in der Tat nichts ausmachen und sogar lächeln lassen können, aber natürlich auch einige, die uns belasten oder es in der Zukunft tun werden, sofern wir nicht bereit sind, darüber zu reden und gemeinsam eine Lösung finden möchten.

Was bedeutet ein Partner wirklich?

Wenn wir eine augenscheinliche Wahl getroffen haben, müssen wir unseren Partner erst einmal kennenlernen, was die Zeit einfach mit sich bringt und somit auch Zeit und Geduld erfordert, denn ein gesundes Vertrauen muss wachsen.

Ohne ein gewisses und gesundes Maß von Vertrauen geht einfach nichts und das braucht einfach Zeit und natürlich auch Bestätigungen. Ich persönlich vergleiche es immer gerne mit einer Pflanze, denn je aufmerksamer und bewusster wir uns um unsere Saat kümmern, umso schöner, besser und stärker kann sie auch gedeihen.

Dazu hilft gegen den ersten Blick in der Liebe auf jeden Fall auch ein zweiter Blick und auch den sollten wir nicht unterschätzen, denn wenn wir es jetzt nicht tun, wann denn dann bitte? Am Anfang kann man bekanntlich noch alle Weichen stellen, ohne das große Folgeprobleme zu erwarten sind.

Irgendwann sind wir dann aber an einem Punkt, wo wir uns entscheiden, ob wir mit diesem Menschen in die Zukunft gehen wollen und dann sollten wir selbst auch vollständig bereit dafür sein.

Gerade Menschen, die lange Zeit ihr Leben allein gelebt haben, sollten sich darüber wirklich bewusst sein, dass nun ein neuer Partner in ihrem Leben auch wieder eine gewisse Unruhe mitbringen wird, auch wenn diese sehr schön sein kann.

Letztendlich gab es nämlich schon Menschen, die es erst wollten, dass ein Partner bei ihnen einzieht und dann etwas später den Wunsch hatten, dass er wieder auszieht. Einfach nur aus dem Grund, weil sie plötzlich gar nicht mehr ihre Ruhe hatten, die sie vorher zu jeder Minute genießen konnten.

Für eine Partnerschaft sollte man daher bereit sein und genau wissen, was man will und was nicht!

Auch wenn Kinder, Familie und Freunde uns sicherlich in der Regel sehr viel geben, aber ein Partner hat oder sollte zumindest doch den gleichwertigen oder unter Umständen sogar noch höheren Stellenwert im Leben einer Person besitzen, schließlich ist er freiwillig in unser Leben gekommen und hat sich für uns entschieden.

Zu ihm sollten dann Gefühle, die Liebe, das Vertrauen, die Ehrlichkeit einfach vollkommen vorhanden sein, so dass wir mit diesem Partner auch über alles reden können. Wer mit dem Vorsatz in eine Beziehung geht, mein Partner darf zwar alles essen, aber nicht alles wissen, hat noch kein Vertrauen und ist selbst noch gar nicht bereit für diese Beziehung, die dann sowieso ständig unter gewissen Spannungen zu leiden hätte.

Wenn ein Partner wirklich von ganzem Herzen zu Ihnen steht, wird er alles dafür tun, dass er Sie nie enttäuscht oder verletzen wird. Im Gegenteil, er wird Ihnen auf Augenhöhe begegnen, weil ihm etwas an Ihnen liegt. Er wird sich freuen, wenn er Sie sieht und wird dafür sorgen, dass nichts negatives oder belastendes zwischen Ihnen steht. Ansonsten werden Sie sehen, dass Sie ihm

nie wirklich ausreichend etwas bedeutet haben und hätten sich zwangsläufig auch nie wirklich auf ihn verlassen können.
Wir können keinen Menschen an uns binden, der nicht auch wirklich bei uns bleiben will. Das sollte jedem Menschen schon mal bewusst sein.
Im Gegenteil, wir können ihm noch soviel Freiheiten geben, denn wer uns liebt, hat ganz andere Gedanken.

Freiheit ist für jeden Menschen wichtig. Es ist Zeit, in der wir uns selbst wieder finden können oder Dinge tun, die uns persönlich etwas bringen.

Freiheit bedeutet, dass der Mensch tun und lassen kann, was er will und das er bestimmte Dinge nicht tun muss, die er nicht will.
Stellen Sie sich mal vor, Sie haben jemanden an Ihrer Seite, der Sie ständig kontrolliert. Sie können keinen Schritt mehr tun, ohne das Sie ständig und überall kontaktiert werden.

Wo bist Du?
Was machst Du?
Wann kommst Du?
Mit wem unterhälst Du Dich?

Auch so etwas gibt es nicht selten und schränkt die Lebensqualität erheblich ein. Viele werden jetzt an dieser Stelle sagen, sie würden das nie zulassen oder sagen, so extrem wären sie ja schließlich nicht und doch wird es einige geben, die sich hier wieder finden.

Eine Beziehung soll Sie lächeln lassen, Sie glücklich machen und das geht nur, wenn Sie sich in allem auch wirklich wohlfühlen.

LOSLASSEN ist das Zauberwort und damit meine ich sicher nicht, dass Sie Ihren Partner loslassen sollen, aber Sie sollen die negativen Gedanken und vor allem das Misstrauen loslassen, sofern vorhanden, denn wie schon erwähnt, wo Misstrauen herrscht, da hat das Vertrauen noch nicht Einzug gehalten.

Manche Menschen tragen verschwiegene Geheimnisse in sich oder können einfach noch nicht die Vergangenheit loslassen und lassen sich in ihrer Gegenwart dann völlig von ihr beeinflussen. Manchmal sind es auch Menschen, die uns verletzt haben, egal auf welche Weise auch immer, aber wir müssen diese Menschen und alles, was mit ihnen zu tun hat, loslassen, damit wir uns auf das Leben und die Menschen konzentrieren können, die uns zur Seite stehen und es gut mit uns meinen.

Der Prozess des Loslassens beginnt immer in unserem Kopf. Von dort aus werden die Gefühle gesteuert und es liegt an Ihnen, wie verbissen oder stur Sie an einer Sache festhalten wollen, die Ihnen langfristig nicht nur schadet, sondern auch erhebliche Lebensqualität nehmen wird.

Loslassen bedeutet, eine Einsicht zu bekommen, dass verschiedene Dinge nun mal nicht immer so laufen können, wie wir es gerne hätten und Unrecht oder Ungerechtigkeit oft im Leben seinen Platz finden wird.

Loslassen ist aber auch die Erkenntnis zu wissen, dass wir ein Recht darauf haben, dass es uns gut geht und wir glücklich sind. Wer uns das nehmen möchte, den sollten wir sicher und ganz schnell loslassen, gerade wenn wir das am Anfang schon bemerken.
Loslassen ist wirklich wichtig, um mit sich selbst ins Gleichgewicht zu kommen. Die Vergangenheit ist vorbei, das eigentliche Leben findet im HIER und JETZT statt und lediglich die Hoffnung darf schon in die Zukunft starten.

LOSLASSEN bedeutet nicht, dass wir etwas aufgeben, sondern das wir gestärkter nach vorne gehen können.

Alles was unter Spannung steht, wird auch eine Kraft bekommen und je befreiter und unbeschwerter Sie in einer Beziehung leben, umso glücklicher werden Sie auch.

Dazu habe ich ein kleines Beispiel, was inzwischen sehr verbreitet ist und Ihnen aufzeigen soll, was LOSLASSEN alles erwirken kann.
Viele Menschen schreiben sich täglich SMS und nicht selten ist es auch die einizige Kontaktmöglichkeit, weil die Empfänger halt nicht anders erreichbar sein können.

Oftmals wartet man dann ständig auf eine Antwort und wenn dann mal keine kommt, machen sich die Absender schon Sorgen oder malen sich sonst irgendwelche Gedanken aus, die sie natürlich dann auch erheblich belasten. Manche Menschen steigern sich dann aber so sehr in eine Gefühlswelt, dass sie es nicht mehr aushalten und nun anrufen, obwohl sie wissen, dass genau solch ein Anruf nach hinten losgehen kann oder stören wird.

Das Ergebnis ist dann oftmals klar, denn nicht selten sind es gerade diese Gespräche, die für weiteren Stress oder Ärger sorgen werden.
Also ist es einfach besser, den gesamten Druck und die Erwartungshaltung aus solch einer Nachricht zu nehmen.

Wenn Sie Ihrem Partner liebe Worte mitteilen möchten, dann tun Sie das, aber erwarten Sie bitte nicht, dass sofort eine Antwort kommt.
Sie wird kommen, nämlich dann, wenn der Empfänger Zeit hat und natürlich auch das Interesse vorhanden ist.

Glauben Sie mir, weniger ist manchmal viel mehr und wenn Sie es gewohnt sind, gerne und oft auf diese Art zu kommunizieren, dann halten Sie sich doch einfach mal zurück. Nicht selten dreht sich das dann alles und Sie bekommen plötzlich selbst wieder viel mehr von diesen Nachrichten.

Wer sich jetzt an dieser Stelle sagt, er könnte das nicht, dem sei schon mal gesagt, dass es nur funktionieren kann, wenn Sie es auch wirklich wollen!

Kann ich nicht, gibt es nämlich überhaupt nicht, denn Sie können alles, was Sie auch wirklich wollen!

Um in den Gleichklang mit sich selbst und mit dem Leben zu kommen, muss man auch etwas tun und das bedeutet, der Mensch muss es wollen, er muss vor lauter

Begeisterung dafür brennen, ja, es muss einfach sein großes Ziel oder sein größter Wunsch sein.

Stellen Sie sich doch mal die Frage, warum ein Mensch überhaupt diesen Gleichklang sucht?

Ein wesentlicher Grund dafür ist nämlich der, dass man viel glücklicher, entspannter und gesünder leben kann und dafür lassen wir doch gerne alte Gewohnheiten los, oder?

Und an dieser Stelle werden sich jetzt Menschen finden, die das zwar alles unterschreiben, aber dennoch sagen werden, das geht alles nicht, weil sie viel zu lange schon gebunden sind und ihre Partnerschaft halt doch anders geworden ist, als sie sich das vorgestellt haben. Vielleicht sogar auch die Einstellung vertreten, dass im Laufe der Jahre sich automatisch alles verändert und sich sowieso das Glück und die Liebe immer anders entwickelt.

DAS ALLES ENTSCHEIDEN SIE!

Sie haben in den Jahren zugelassen, dass sich ein Leben verändert hat, mit vielen Kleinigkeiten, die sich dann später zu einem großen Gesamtpaket entwickelt haben. Vieles dabei haben Sie sogar bewusst zugelassen, aber natürlich gab es auch genügend andere Dinge, die sich unbewusst entwickelt haben. Einfach deshalb, weil wir dem Leben grundsätzlich nicht immer bewusst entgegen treten.
Wenn ich einen Garten nicht regelmäßig pflege, muss ich damit leben, dass das Unkraut sich vermehrt und nicht anders ist es in unserem Leben oder in einer Beziehung.

Wir haben es schließlich zugelassen und waren uns oftmals über die Folgen gar nicht bewusst.

Zunächst einmal möchte ich aber dazu feststellen, dass es niemals zu spät ist, frischen, neuen oder einen anderen Wind in ihre Beziehung, aber auch in Ihr Leben zu bringen.
Wenn Sie bereits in einer langjährigen Beziehung sind, Kinder vielleicht Ihr Leben mit bereichern oder auch schon aus dem Haus sind, dann sollen Sie jetzt sicher nicht als erstes an eine Trennung denken, denn das ist sicher nicht mein Ziel und sollte auch nie so verstanden werden.

Viel mehr geht es mir darum, das beständige Glück in sich selbst zu finden, es zu verstehen, um dann selbst erkennen zu können, wie glücklich sind Sie auch durch das, was von Außen kommt!
Dazu gehört auch das Annehmen und Erkennen meines Lebens und den Personen, die dazu gehören.

Glück kann fürchterlich ansteckend sein und wenn Sie erst einmal das Glück in sich und um sich herum wirklich entdeckt haben, dann können Sie wirklich Ihr Umfeld und die ganze Welt damit anstecken.

Aus Erfahrung kann ich sagen, dass es schon sehr viele Beziehungen gab, in denen die Paare teilweise Jahrzehnte verheiratet waren, die Luft vollständig verbrannt war, ja auch schon über eine Trennung häufiger nachgedacht wurde und die sich durch eine kompetente Hilfe erneut vollkommen neu aufgestellt haben und wieder glücklich zu sich finden konnten.

ALLES, wirklich ALLES ist möglich, wenn man erkannt hat, was man eigentlich will und dann etwas dafür tut! Nachdem ich meine Autobiographie veröffentlicht hatte, erreichten mich unzählige Nachrichten von LeserInnen, die mir nicht nur endlich einen beständigen Partner an meine Seite wünschten, danke an dieser Stelle noch einmal dafür, sondern die, was für mich noch viel wichtiger war, durch mich neuen Mut gefunden hatten, das Leben mit all seinen Facetten, meistern zu wollen. Nach dem Motto, was ich geschafft habe, kann jeder andere auch schaffen und deshalb schreibe ich alles so ausführlich, denn ich möchte auch Sie davon überzeugen, dass es das Leben wert ist, wenn wir mit uns selbst in völligen Gleichklang kommen. Schließlich sehe ich auch immer wieder die pure Begeisterung bei Menschen, die meine Seminare besucht haben.
Das es sich vollständig lohnt, wird der feststellen, der mit sich selbst wirklich in Gleichklang kommt und endlich BESSER LEBEN kann.

Wenn es keine Masken gibt, kann sich die Intensität der gemeinsamen Gefühle nur verstärken und man wird auch weiterhin in einem völligen Gleichklang leben können.

Wir sollten nicht das Glück hinterfragen, sondern unser Leben bewusst genießen und es auch wirklich leben. Dazu gehört, sich gegenseitig alle Freiheiten zu geben und uns auch zu respektieren, damit wir uns völlig vertrauensvoll nach vorne bewegen können.

Die Menschen sind nun mal nicht alle gleich und jeder verdient seine eigene Aufmerksamkeit.

Fragen Sie sich doch mal selbst, warum Beziehungen häufig nicht glücklich machen.
In erster Linie möchte ich jetzt sagen, weil wir uns zu häufig verstellen und nicht so sind, wie wir wirklich sind.

Der zweite Punkt ist noch härter, denn fast immer fehlte die **EHRLICHKEIT**!

Wer sich einmal besser kennen lernen will, sollte deshalb damit anfangen, absulut ehrlich zu sich selbst zu werden, denn das ist die Vorraussetzung dafür, dass Sie auch von Ihrem Partner Ehrlichkeit bekommen können.

Nirgendwo wird nämlich auch nur annähernd so viel gelogen, wie in einer Partnerschaft. Darunter fällt auch, was man dem Partner nicht sagt oder ihm ganz einfach verschweigt, aus welchen Gründen auch immer!

Wie also bitte, kann ich Ehrlichkeit zu einer Bedingung machen, wenn ich doch noch nicht einmal zu mir selbst aufrichtig sein kann?
Wir können grundsätzlich nur das verlangen und fordern, was wir in uns tragen, mit uns selbst vereinbaren können und wo wir wirklich auch absolut hinter stehen!

Niemand ist PEREFKT, das gibt es nicht und weil wir es selbst auch gar nicht sein können, haben wir somit keinen Grund, es in einem anderen Menschen sehen zu wollen.

Wem das nicht bewusst ist, wird immer ein Problem haben und von Menschen auch getäuscht werden.

Viele tragen Masken und spielen sich selbst damit etwas vor, denn am Anfang der Liebe steht leider fast immer die Täuschung.

Sie täuschen dabei nicht nur sich selbst, sondern auch den Partner und wenn es bei der Täuschung bleibt, dann ist das Ende sehr schnell da.
Jeder Mensch möchte gerne einen besonderen Eindruck hinterlassen und als idealer Partner in Erscheinung treten. Schließlich zählt ja bekanntlich der erste Eindruck, von dem dann immer sehr viel abhängt.

Menschen lernen uns kennen, vor allem durch das, was und wie wir in diesen Augenblicken sind, wie wir uns geben und vor allem, was wir ausstrahlen. Man wird es oftmals spüren, ob wir ein glücklicher, in sich ruhender Mensch sind, der das Leben liebt und genießt und das ist ansteckend, denn genau das, wollen dann andere auch. Umgekehrt allerdings ganz genauso und deshalb ist es schön und auch nicht schwer, für unser Umfeld ein Vorbild zu sein und einfach wir selbst zu sein, ohne Masken und ohne Schauspielerei.

Manchmal ist die Täuschung noch nicht einmal böswillig und doch erkennen einige, dass es für sie der geeignete Weg zu sein scheint. Leider sind aber viele Täuschungen auch einfach nur arglistig, denn man spielt dem Partner bewusst etwas vor, was man mit sich selbst gar nicht vereinbaren kann.
Nicht selten tun das genau die Menschen, die für sich einfach nur etwas erreichen wollen, beruflich oder privat, egal ob es darum geht, mit dem jeweiligen Partner ins Bett zu kommen oder sie einen aufwendigen Lebensstil

finanziert haben möchten, sie spielen einem Menschen einfach nur Gefühle vor und sind oft auch noch brilliant in ihren Aussagen.

Für mich sind es Schauspieler der besonderen Art, denn wenn es dann nicht mehr so läuft, wie sie das gerne hätten, lassen sie den Partner einfach mal eben fallen und orientieren sich wieder ganz schnell woanders hin.

Eigentlich sollte man dann nur dankbar dafür sein, dass man solch einen Menschen verloren hat, denn es bedeutet auch, dass sich Gefühle und ein Konto wieder erholen können. Nicht selten war man sogar schon bereit, solche Menschen auch noch zu heiraten, drum prüfe genau, wer sich mit wem irgendwann mal binden möchte!

Weiter muss man leider an dieser Stelle noch anmerken, sind auch die Anforderungen manchmal an einen Partner schon immens hoch und oftmals leider sogar als nur sehr oberflächlich zu bewerten.

Was da schon manchmal alles verlangt wird, gleicht eher einem Wunschkonzert und einer guten Backmischung. Dazu wiederhole ich mich gern, denn so muss häufig zum Beispiel der ideale Partner oder die Partnerin erfolgreich, gutaussehend, charmant, treu, zuverlässig, liebevoll, intelligent, stark, humorvoll, schlank, sportlich und was auch sonst noch immer sein, ohne sich die Frage zu stellen, ist man das selbst eigentlich auch alles und wen oder was suche ich da wirklich?

Wieder ist es die hohe Erwartungshaltung und erneut „erwarte“ ich etwas und werde enttäuscht, wenn ich es

dann nicht finde, wobei solche Täuschungen für uns auch enorm wichtig sind, denn es sind Erfahrungen, aus denen wir lernen und die uns dadurch erst eine neue Sichtweise vor Augen führen.
Der Mensch sollte sich vor einen Spiegel stellen, in sich gehen und vollkommen auf sich besinnen, was und wer ist man eigentlich selbst und was möchte ich wirklich?

Wenn ich Liebe und das Glücklichsein von anderen Menschen abhängig mache, dann kann das nur sehr selten gut gehen, denn ich trage das Glück und die Liebe in mir selbst und das muss ich fühlen und wissen. Es hilft nichts, wenn ich es mir jeden Tag einrede, nein, ich muss es spüren können, nur dann ist es echt und stimmig. Erst dann, kann ich es zeigen und es wird genau das auch anziehen.

Wenn wir die innere Ruhe und den Seelenfrieden finden wollen, genügt es nicht, sich in eine Ecke zu setzen und eben mal kurz zu träumen. Wir müssen lernen, mit uns selbst in aller Ruhe zu meditieren, Ruhe aufzunehmen und Unruhe treiben zu lassen.

Die Meditation kann in der Tat wirklich sehr viel Gutes bewirken und ist meiner Meinung nach ein sehr gutes Mittel dafür, dass man langfristig nicht nur nachhaltig seinen Stress loswerden kann, sondern was noch viel wichtiger ist, dass man auch viele Dinge für sich selber zu verstehen lernt.

Manchmal sogar sich selbst!

Wie meditiert man am besten?

In der Meditation gibt es kein richtig oder falsch, sondern es ist wichtig, dass der Mensch für sich einen Ort sucht und findet, an dem er absolut Ruhe findet und ungestört in sich gehen kann. Es ist also völlig egal, ob dieser Platz irgendwo draußen in der Natur ist oder auch bei Ihnen zuhause.
Sollte er bei Ihnen zuhause sein, empfehle ich gerne dazu, sich eine oder auch mehrere Kerzen anzuzünden, wenn Sie mit der Meditation beginnen. Auch ob Sie dazu Musik anschalten oder eher alles ruhig haben möchten, bestimmen Sie ganz allein.

Setzen oder legen Sie sich hin und entspannen Sie sich. Erwarten Sie gar nichts und konzentrieren Sie sich mit Ihren Gedanken auf sich selbst. Sie brauchen dabei nicht verkrampft sein, denn Sie können dabei wirklich nichts verkehrt oder falsch machen.
Die Masse setzt sich im Schneidersitz vor eine Kerze und fängt dann an, mit geschlossenen Augen in sich zu gehen. Man atmet dabei ganz einfach in Ruhe ein und aus und konzentriert sich auch nur auf seine Atmung. Gedanken werden losgelassen, denn in diesem Augenblick denken Sie einfach an nichts, Sie sind einfach nur entspannt und schalten völlig ab.

Am Anfang sollten Sie mit ca. zehn Minuten beginnen und es nach und nach auf ca. dreißig Minuten steigern. In der Regel macht man es ein- bis zweimal am Tag, es gibt aber auch viele Menschen, die es nur ein- bis zweimal in der Woche tun.
Das bestimmen letztendlich alles Sie selbst.

Wundern Sie sich bitte auch nicht, wenn es mal nach einer Meditation juckt oder weh tut, das ist sehr oft der Fall.

Wenn Sie für sich entschieden haben, dass auch die Meditation dauerhaft für Sie in Betracht gezogen werden soll, kann ich Ihnen empfehlen, sich näher darüber zu informieren, um für sich auch den besten Weg zu finden. Es gibt nämlich viele tolle Seiten dazu im Internet, viele gute Bücher und auch vereinzelt wundervolle Seminare, die Ihnen den Einstieg zur Meditation erleichtern werden.

Wer schon einen Schritt weiter ist, der kann später auch überall meditieren, weil er bewusst in sich gehen und für einen Moment abschalten kann.

Wir müssen uns ganz allein auf uns selbst besinnen, auf unsere Stärken, aber auch auf unsere Schwächen und uns in allem vollständig annehmen lernen. Es ist wichtig, in einen Spiegel schauen zu können und mit sich selbst zufrieden zu sein.

Jeder Mensch ist etwas besonderes, ein Unikat und es hilft nichts, sich mit anderen Menschen vergleichen zu wollen.

Meditieren heißt auch, neue Kräfte zu sammeln, neue Energien zuzulassen, sich von jeglichen Spannungen zu lösen, sowie zu befreien und sich wirklich nur auf sich selbst zu besinnen, denn genau das ist das Ziel.

Die Ruhe lässt uns vieles verstehen, in der Ruhe können wir denken und viele Dinge auf uns wirken lassen, damit wir mit Ruhe die Einsicht gewinnen, gestärkt nach vorne zu gehen.

Unsere Gedanken haben eine Energie von unstellbarer Größe und Kraft und wir können entscheiden, ob wir uns positiv oder negativ mit Gedanken versorgen wollen. Wir können uns bei allem Denken auf Misserfolg oder Erfolg programmieren.

Man findet sehr selten das, wonach man direkt sucht, aber man bekommt sehr häufig etwas, womit man dann überhaupt nicht gerechnet hat und dazu gehört auch das Glück und die Liebe im Leben, wenn wir das auch in uns selbst tragen.

Das ist der Schlüssel zum Erfolg, der Schlüssel für die Liebe und der Schlüssel zum Glück.

BESSER LEBEN in der Partnerschaft!

Um auch in den Gleichklang mit dem Partner in einer Beziehung zu kommen, streichen Sie bitte schon einmal in Ihren Gedanken das Wort ALLTAG, denn es passt eigentlich überhaupt nicht in eine Partnerschaft.

Alltag ist für mich persönlich einfach jeder Tag und jeden Tag gilt es in Gleichklang zu bringen, sofern man sich wirklich keine Masken aufgesetzt hat. Irgendwann fallen diese Masken sowieso oder der Partner schafft es, dahinter schauen zu können.

Leider neigen viele Menschen nämlich leider dazu, sich von Tag zu Tag immer mehr gehen zu lassen und die damit verbundene Zeit oberflächlicher werden zu lassen, was ich Ihnen gerne mit einem meiner Lieblingsthemen verdeutlichen möchte. Es ist gleichzeitig auch das Thema, was bei vielen Menschen neben einem Trauma zu den größten Belastungen führt und auch nicht selten Hauptursache für ein Burnout oder eine depressive Episode sein oder werden kann, nämlich die Partnerschaft oder die Beziehung.
Schließlich kann uns gerade die Liebe immer wieder Flügel wachsen lassen oder aber auch erheblich herunter ziehen und leiden lassen.

Wir kennen es doch alle, am Anfang lernt man sich kennen und die Zeit scheint nicht still stehen zu wollen. Nichts ist uns zu schwer, kein Weg ist uns zu weit, etliche liebevolle SMS werden verschickt und die Gefühle fahren auf allerhöchstem Niveau Achterbahn.

Dann kommen irgendwann zwei Menschen zusammen und ganz langsam nimmt man nach und nach schon die ersten Kleinigkeiten hin und fängt an, dass ein oder andere dabei zu vernachlässigen.

Sicher weiß ich selbst, dass es wirklich nur ganz selten den perfekten Gegenüber gibt und man vielleicht auch meist die ein oder anderen Kompromisse machen muss, sofern man das selbst für sich möchte und es für einen selbst auch stimmig ist. Darum geht es aber gar nicht, denn man sollte sich selbst darüber klar werden, in wie weit man mit diesen Kompromissen leben möchte, ohne sich selbst dabei zu verbiegen, zu verändern oder womit einem die eigentliche Lebensqualität, sowie auch die Wünsche im wesentlichen eingeschränkt werden.

Auf einmal sind nun ganz andere und teilweise auch neue Dinge einfach wichtiger geworden und nicht selten erlebe ich es, dass gerade bei den Männern die ersten Weichen in die falsche Richtung gestellt werden. Vielleicht auch deshalb, weil sie oftmals etwas länger brauchen, um ihre Masken abzuziehen.
Ein typisches Beispiel ist oftmals der Samstag Abend, denn dann „muss“ plötzlich in vielen Fällen nun einfach die Sportschau geschaut werden und wenn es geht, noch gleich die erste Flasche Bier dazu. Als man sich kennenlernte, war der Fernseher noch nicht so wichtig, aber nun ist ja alles anders.
Überhaupt wird die Fernbedienung mehr und mehr zur „Chefsache“ und es wird in den seltensten Fällen noch nachgefragt, was die Partnerin vielleicht schauen möchte.

Glauben Sie mir, es ist leider kein Einzelfall, deshalb erwähne ich es gerne öfter und an dieser Stelle muss ich schon sagen, hier wird leider auch grundsätzlich der erste Fehler von der weiblichen Seite erbracht, denn es gehören zu jedem Zustand immer zwei Personen, einer der macht und einer der machen lässt.

Das schöne gemeinsame Miteinander verabschiedet sich langsam, es wird nach und nach irgendwie öder, weil immer öfter Dinge wichtiger werden, die am Anfang des Kennenlernens überhaupt noch keine Bedeutung gehabt haben.

Ehrlich gesagt, wusste man von einigen Vorlieben noch gar nichts und der Hammer ist es dann noch, wenn auf einmal noch so diverse versteckte Unarten auf den Tisch kommen. Ganz nach dem Beispiel, „Schatz, ich geh dann mal eben noch eine rauchen!"

Sie glauben, das würde es nicht geben? Im Gegenteil, ich habe schon ganz andere Dinge in Paartherapien oder bei Trennungen zu hören bekommen.

Bleiben wir aber doch an dieser Stelle erst einmal bei der eher „harmlosen" Variante.

Wenn es nicht der Fernseher ist, dann wird der Computer wichtig und der ein oder andere rechtfertigt sich nun mit seiner Spielerei, dass er einen schweren Tag gehabt hat und erst einmal wieder runter kommen oder abschalten muss.

Wie egoistisch muss man also dann sein, um derartige Hilfsmittel dafür zu nehmen?
Wenn Ihr Partner das gut findet oder genauso tickt, dann ist das sicher kein Problem, allerdings ist es in der Regel nicht so und mancher ertappt sich hier schon bei seinen Gedanken, wenn er das alles vorher gewusst hätte, wäre man niemals zusammen gekommen.

Die Frage lautet deshalb, warum schnappt man sich eigentlich nicht einfach den Menschen, der einem doch so wichtig zu sein scheint und geht mit ihm eine Runde spazieren oder macht irgendetwas mit ihm gemeinsam?

Vernachlässigen ist keine Kunst, aber einen Menschen zu lieben dagegen schon!

In vielen Fällen sind beide Partner heutzutage berufstätig und trotzdem gehört meist der gesamte Haushalt, mit all seinen Aufgaben, ganz allein der Frau und ich frage mich immer wieder, wo das eigentlich steht und wer das so erfunden hat?

Ich bin fest davon überzeugt, dass auch der Mann zwei gesunde Hände hat und das ein oder andere der Partnerin mit ruhigem Gewissen abnehmen und sie damit unterstützen kann. Zum einen kann das sogar sehr viel Spaß machen und zum anderen ist es wieder etwas, was man miteinander tut.
Auch an dieser Stelle sollte bitte die Bemerkung erlaubt sein, dass sehr oft die Aussage kommt, „das kann ich nicht."
Man(n) kann alles, wenn man es will und vor allem dann, wenn einem der Partner wichtig ist und etwas bedeutet!

Es sind immer die sogenannten Kleinigkeiten, die sich Stück für Stück vermehren und irgendwann zu einer gewaltigen Lawine werden.

Alles geht nämlich nur solange gut, bis man sich dann vielleicht irgendwann selbst fragt, ob es überhaupt noch eine Beziehung wert ist oder ob man nicht schon längst eher wie Bruder und Schwester zusammen lebt!

Nicht selten gelangt man zu der Überzeugung, dass man den Partner ja an seiner Seite hat und man sich deshalb auch ruhig gehen lassen kann. Plötzlich macht man sich nur noch dann Chic, wenn man mal ausgeht und läuft ansonsten teilweise wie der letzte Mensch herum.
Dabei ist es sehr wichtig, dass man sich im gemeinsamen Leben genauso attraktiv findet und man sich gegenseitig begehrt.

Wann haben Sie Ihren Partner das letzte Mal so richtig herzlich in den Arm genommen?

Wann haben Sie ihm das letzte Mal gesagt, was sie für ihn empfinden?

Wann haben Sie zuletzt dem Partner mal mit irgendetwas netten überrascht?

Das muss nicht immer materiell sein, denn es gibt so viele Möglichkeiten, dem Partner eine kleine Freude zu bereiten, wenn man mal auf sein Herz hört.

Liebe ist schwer zu finden, doch leicht zu verlieren.

Nicht an dieser Stelle abwinken, sondern mal darüber nachdenken, denn in der Kennlernphase haben Sie es meist doch auch ständig getan!
Ich bin mir bewusst, dass sich jetzt der ein oder andere fragen wird, was ist das jetzt eigentlich für ein Buch und was hat das jetzt mit dem eigentlichen Thema zu tun.

Ich kann es Ihnen verraten, sehr viel!

Vergessen, Sie wollten doch BESSER LEBEN?!

Eine gute gesunde Beziehung lässt uns sprichwörtlich fliegen und gibt uns unwahrscheinlich viel Kraft.
Kraft, die wir dringend benötigen, um viele andere Sorgen, Probleme oder Belastungen zu ertragen oder abzuarbeiten.

Wenn wir privat glücklich sind, kann uns kaum etwas erschüttern, es ist unsere sogenannte Basis, die uns stark macht und wo sich unser Köper wohlfühlt.
Sobald wir aber verletzt oder traurig aus einer Beziehung gehen und damit meine ich jetzt noch lange nicht eine Trennung, werden wir es am Tag schwer haben, denn unsere Gefühle prägen uns, egal wie gut wir uns auch verstellen oder wir etwas verdrängen können.
Die Folge ist absehbar, denn wenn sich nichts ändert, wird es unter Umständen irgendwann zu dem Punkt kommen, wo sich unser Körper, unsere Psyche, unser Innerstes meldet und wir angeschlagen sind.
Wie sich das dann auswirkt, ist ganz unterschiedlich, aber sehr oft zieht man sich mehr und mehr zurück, bis es unter Umständen zu einer Trennung kommt oder es gibt

dann irgendwann einen Gang zum Arzt und das alles kann und sollte man frühzeitig vermeiden.

Sie persönlich wissen am besten, warum es Ihnen so schlecht geht. Sie kennen schon die Ursache und Ihr Körper reagiert auf die Eingaben, die Sie ihm täglich, in welcher Form auch immer, gegeben oder zugelassen haben.
Fakt ist, wenn man die wirklichen Ursachen kennt, kann man sich selbst auch zielgerecht behandeln oder sogar eigenständig therapieren, sofern man handelt und alles nötige für sein Wohlbefinden tut.

Damit schließt sich wieder der Kreis, dass verschiedene Medikamente unter Umständen überflüssig wären und Ihr Körper entlastet werden kann, denn Medikamente, die das Seelenleben dämpfen, haben in der Regel nicht nur erhebliche Nebenwirkungen, sondern lassen uns in vielen Fällen auch erheblich zunehmen.

Mit ein Punkt, der bekanntlich einen Menschen nach unten ziehen kann, denn es gibt sehr viele Personen, die dann unter ein paar Kilos zuviel, wahnsinnig leiden.

Haben Sie jetzt verstanden, warum dieses Thema ein so wichtiger Punkt ist?

Gut, dann lassen Sie mich darauf auch noch einmal eingehen, denn ich war noch längst nicht fertig.

Eine gesunde Beziehung oder Partnerschaft bekommt man nicht geschenkt, dafür muss man etwas tun. Nicht nur am Anfang, sondern auch jeden Tag danach und in erster Linie muss man etwas für sich selbst tun! Nur dann kann man befreit in den GLEICHKLANG mit sich selbst und allem anderen kommen.

Sicher bedeutet eine Beziehung, täglich miteinander und füreinander zu arbeiten und wie schwer oder aber leicht diese Arbeit ausfällt, das bestimmen letztendlich Sie von Anfang an allein und ist auch abhängig davon, wie gut Sie sich selbst angenommen und aufgestellt haben.

Je mehr wir zulassen, dass Gewohnheiten ihren Freiraum durch uns bekommen, umso höher ist die Gefahr, dass wir irgendwann später dagegen ankämpfen oder darunter leiden müssen.

Eine gute Erfolgsformel für ein gesundes Miteinander ist neben dem notwendigen Respekt und der Achtung immer das Gesamtpaket auch für sich selbst anzuwenden und reden, denn nur wer redet, bekommt auch Antworten.

Denken Sie immer an den Anfang, denn da konnten Sie ja auch noch über alles reden und so sollte es auch später in Ihrem Leben weitergeführt werden.

Ich empfehle Paaren dazu gerne, sich jeden Tag eine Zeit auszusuchen, die realistisch ist und wo sich ein Paar zusammen setzt, vielleicht bei einer Tasse Kaffee oder was auch immer und wo man über alles harmonisch redet und vor allem, wo man auch zuhört, denn selbst das ist eine Art von Respekt dem Partner gegenüber.

Allerdings sollten auch hier wieder diese Gespräche frei von Erwartungen sein, sondern aus herzlichem Interesse zu dem Menschen und dementsprechend auch mit Herz geführt werden. Es bringt wirklich rein gar nichts, wenn man solche Gespräche mit einer gewissen Halbherzigkeit und diversen Anschuldigungen führt, sondern besinnen Sie sich eher mal darauf, wie schön es ist, dass Sie einen Partner an Ihrer Seite haben.

Mir geht es auch gar nicht darum, dass solche Gespräche nur deshalb geführt werden, um Probleme zu besprechen. Viel mehr finde ich wichtig zu erfahren, wie es meinem Partner wirklich geht und wie man sich gerade durch solch ein Gespräch bewusst wieder auf die Zweisamkeit besinnt, die man gemeinsam in diesem Moment verlebt.

Ehren, Achten, Lieben! Das hat jeder Mensch verdient!

Reden verbindet, das war schon immer so und wird immer so bleiben! Doch nur wenn wir reden, können wir auch Antworten bekommen.

Es sind die Erfahrungen, die ich hier wiedergebe, denn nicht selten waren die Belastungen dann irgendwann so groß, dass die Beziehung darunter leiden musste und es zur Trennung kam.

Besitzdenken hat nicht immer etwas mit dem Materiellen zu tun, sondern leider ist es auch nicht selten, dass der Partner als „Besitz“ angesehen und damit regelrecht geklammert und in seinem Leben eingeschränkt wird. Erfahrungsgemäß leider auch ein häufiger Punkt, der dann natürlich dazu führt, dass es immer wieder zu Spannungen kommt, die sich in einer Seele festsetzen und zu enormen Belastungen führen.

JEDER Mensch braucht seinen persönlichen Freiraum, auch innerhalb einer Partnerschaft und wenn der nicht gegeben ist, muss man sich die Vertrauensfrage stellen, denn ohne ein gewisses Maß an Vertrauen, wird nun mal nie eine Beziehung richtig funktionieren können.

Wenn ich in Vorträgen darüber geredet habe, wunderten mich anfangs die Kommentare von einigen Teilnehmern überhaupt nicht, wenn gelegentlich sogar die Meinung vertreten wurde, dass „Freiheit" gewissermaßen auch gleichzeitig bedeutet, dass der Partner dann nicht treu sein wird.
Nun, wenn auch Sie diese Ansicht vertreten, fragen Sie sich doch mal, woher Sie die Meinung nehmen?

Im Umkehrschluss zeigt es Ihnen doch nur Ihre eigenen Gedanken und auch wenn ich mich jetzt wiederhole, ein Partner, dem Sie etwas bedeuten, der Sie liebt, der mit Ihnen in die Zukunft gehen will, der wird Sie auch nicht enttäuschen.

Natürlich muss die Gemeinsamkeit mit dem Partner auch stimmen, denn es kann sicher nicht sein, dass ich in der Freizeit mehr mit anderen unterwegs bin, als mit meinem Partner, doch auch da ist es wichtig, hierzu näher die Gründe zu analysieren.

Womit wir natürlich auch bei dem Punkt „**Eifersucht**" sind, der schließlich genauso viel mit dem gegenseitigen und so wichtigen Vertrauen zueinander zu tun hat.
Das auch damit ein Mensch in seiner Persönlichkeit und teilweise sogar in seinem Leben eingeschränkt wird, sollte jedem Menschen absolut klar sein. Wir können und

dürfen niemanden ändern oder verbiegen, sondern wir lernen einen Menschen kennen und müssen ihn dann auch so annehmen, wie er sich uns von Anfang an präsentiert hat. Es gibt einfach keine Besitzansprüche auf einen Partner und würde auch nichts bringen, denn entweder steht ein Mensch zu seinem Partner oder man kann oder sollte die Beziehung abhaken.

Entweder wir akzeptieren das oder wir sollten es sein lassen, aber uns dann nicht erst hinterher über Dinge beschweren, die uns offensichtlich vorher bekannt waren.

Es ist immer wieder erschreckend, wenn Menschen ihrem Partner nach einiger Zeit vorschreiben oder verbieten wollen, mit wem sie in Zukunft noch Kontakt halten können und mit wem sie sich treffen dürfen.

Da muss dann schon die Frage erlaubt sein, ob sonst noch alles in Ordnung ist! Die Sklaverei wurde schon vor sehr langer Zeit abgeschafft und niemand hat das Recht, auch nur annähernd einem Menschen irgendwelche Kontakte zu untersagen oder zu verbieten.

Im Gegenteil, oft waren gerade das die Menschen, die uns in der ein oder anderen schlechten Zeit geholfen haben und „Freunde“ gibt man sowieso niemals auf! Wer das wirklich abverlangt, kennt das Wort „Freundschaft“ überhaupt nicht und wird auch nie ein guter Freund sein!

Überhaupt, wer auf eine Vergangenheit des anderen und die Menschen, die dazu gehört haben eifersüchtig ist, sollte sich mal fragen, wie seine eigene Vergangenheit eigentlich ausschaut!

Mal ganz ehrlich, die Vergangenheit ist und bleibt immer die zurückliegende Zeit, die auch nicht mehr geändert werden kann und wo auch Menschen in unserem Leben eine Rolle gespielt haben, in welcher Form auch immer.

Sie gab es schon vorher, uns hingegen erst jetzt und wir haben niemals das Recht, auf wen auch immer und in egal in welcher Form, eifersüchtig zu sein.
Sehr oft erlebe ich das, wenn es um den Ex-Partner geht und nicht selten dann gefordert wird, den Kontakt zu ihm aufzugeben.

WARUM?

Wenn diese Menschen sich doch noch verstehen, warum sollten sie dann diesen Kontakt aufgeben?
Es hat doch scheinbar Gründe gegeben, warum sie nicht mehr zusammen sind, sonst wäre ein neuer Partner gar nicht in dieses Leben gekommen und wenn Kinder aus dieser Beziehung entstanden sind, sollte man schon gar nicht diese Harmonie unterbrechen, denn sie ist für die Weiterentwicklung von Kindern wirklich wichtig. Wer das nicht versteht, hat meist selbst eine gestörte Kindheit erlebt und es gibt ihm keineswegs das Recht, in andere Beziehungen derartig einzugreifen!

Amüsierend finde ich es auch immer wieder, wenn mir Menschen erzählen, dass Eifersucht doch auch eine Art von Liebesbeweis wäre.

Ist das so? Muss ich meinem Partner tatsächlich meine Liebe beweisen?

Sicher nicht! Liebe muss man nicht beweisen, wenn sie stets ehrlich und auf Augenhöhe gefühlt und geführt wird, schließlich ist sie doch dann da. Warum muss ich das also beweisen, es sollte unser Grundwissen sein.

Wenn Sie sich Ihrer Eifersucht bewusst sind, haben Sie sich mal Gedanken darüber gemacht, wie belastend das für Ihren Partner ist oder sein kann?

Fragen Sie sich doch mal ernsthaft, lieben Sie Ihren Partner wirklich?

Wenn Sie diese Frage jetzt ehrlich und bewusst bejaht haben, dann werden Sie ihn doch auch nicht belasten wollen, oder? Eigentlich sollten Sie eher alles dafür tun, dass Ihre Beziehung harmonisch ablaufen kann und damit jegliche Spannungen vermeiden.

Wenn hingegen Angst oder Misstrauen ein Grund sein sollte, dass sie Ihren Partner verlieren werden, sind Sie auf dem besten Weg, dass es auch passiert, denn noch einmal, eine Partnerschaft sollte immer ohne jegliche Zweifel geführt werden und ein absolutes Vertrauen ist einfach die Grundvoraussetzung dafür.

Es sind IHRE eigenen Gedanken und Sie entscheiden stets darüber, in welche Richtung Sie die Kraft lenken. Wenn die Gedanken in die Richtung von Angst und Misstrauen gelenkt werden, dann werden sie dort auch Macht bekommen und Sie ziehen das Unheil damit an.

So funktioniert das magische Gesetz der Resonanz!

Sie können alles ändern, auch Ihre Gedanken, sofern SIE das wirklich wollen und bereit dafür sind. Sie können sich selbst ganz neu finden und aufstellen, denn Sie sind Ihr eigener Glückes Schmied.

Warum also eine Eifersucht?

Wenn Sie mit sich in den Gleichklang gekommen sind, kennen Sie keine Eifersucht mehr, denn wer wirklich vertrauen kann und sich seiner Liebe sicher ist, für den wird es nur noch ein Fremdwort sein.

Sollten Sie allerdings Ihrer Liebe nicht sicher sein und Zweifel haben, dann rate ich Ihnen, dieses Buch noch einmal bis zu dieser Stelle zu lesen.

Wie komme ich zu Selbstbewusstsein?

Selbstbewusstsein zieht man sich in der Regel schon mal aus Erfolgen oder Bestätigungen. Es ist natürlich immer schön, auch von unserem direkten Umfeld, wer das auch immer ist, eine Anerkennung zu bekommen. Allerdings ist es für einen Menschen noch viel mehr wert, wenn er seine Leistung selbst als positiv erkennen und vor allem auch bewerten kann. Wenn Ihnen etwas gut gelungen ist und dabei ist es völlig egal, was und wo, ob im Beruf, in der Schule, bei sich zuhause, im Verein oder einfach im persönlichen Bereich, dann erkennen Sie es an.

Manchmal hat man es geschafft, einfach mal eben einem anderen Menschen durch seine Art zum Lächeln zu bringen, erkennen Sie es an, denn Sie waren der Grund und können stolz darauf sein.

Nichts ist im Leben selbstverständlich!
Erkennen Sie das an.

Es sind die vielen Kleinigkeiten des Lebens, die wir oft vergessen haben und leider täglich viel zu häufig einfach übersehen.

Viele Leute können an einem Weg spazieren gehen, aber nur den wenigsten Menschen fällt am Wegesrand ein vierblättriges Kleeblatt auf, ganz einfach deshalb, weil sie mit ihren Gedanken nicht frei sind und vieles gar nicht mehr erkennen.

Wer kein Selbstvertrauen hat, hat auch kein VERTRAUEN in sich selbst und kann auch kein Selbstbewusstsein erlangen.

Doch was bedeutet eigentlich ein gesundes Selbstbewusstsein?

In erster Linie, dass Sie sich selbst behaupten können. Das Sie vor allem auch mal NEIN sagen können, ohne sich dabei gleich schlecht zu fühlen! Das Sie auch mal Ihren Forderungen einen gewissen Nachdruck verleihen können und auf Menschen zugehen können. Das Sie sich selbst auch Fehler erlauben, sowie eingestehen und mit Kritik genauso gut umgehen können, wie ebenfalls mit Komplimenten. Keine Angst vor einer Ablehnung zu haben, denn das ist völlig normal. Es wird nämlich auch niemals eine Person geben, die von allen Menschen auf dieser Welt für toll angesehen wird. Das gibt es einfach nicht und wir müssen akzeptieren, wenn uns ein Mensch nicht mag, aus welchen Gründen auch immer. Das ist gut so, denn wenn wir ehrlich sind, wir mögen doch auch nicht jeden Menschen, oder?

Vielleicht auch besser gesagt, wer uns nicht leiden kann, muss einen verdammt schlechten Geschmack haben!

Besser?

Erkennen Sie, wer oder was die Gründe dafür in der Vergangenheit sind oder waren und lösen Sie sich von den verursachenden Gedanken, Sie hätten grundsätzlich daran Schuld, mitunter auch mit professioneller Hilfe!

Lernen Sie, sich wieder mehr zu vertrauen, sich mehr zuzutrauen und hören Sie mehr auf sich selbst. Viele Menschen haben das Vertrauen in sich selbst verloren, weil ihnen das durch andere Menschen oftmals gesagt oder gezeigt wurde.

Doch wer gibt Menschen eigentlich das Recht, so etwas zu bewerten?
Wenn Sie etwas getan haben und sich damit gut fühlen, es Ihnen Spaß gemacht hat und Sie darüber glücklich sind und lächeln können, dann ist das einzig und allein etwas, was die Bewertung von Ihnen persönlich verdient! Es ist und bleibt einzig und allein Ihr Leben, in dem Sie ganz allein entscheiden, wann Sie lachen, warum Sie lachen, worüber Sie lachen und mit wem Sie lachen! Stellen Sie sich bitte mal vor den Spiegel, denn diesen Menschen, den Sie dort sehen, das ist der einzige Mensch auf Erden, dem Sie Rechenschaft für Ihr ganzes Tun und Handeln ablegen müssen.

Etliche Menschen haben schon in ihrer Kindheit zu hören bekommen, *Du taugst nichts, Du bist nichts, Du kannst nichts, Du bist zu dumm, aus Dir wird nie etwas*, sowie viele andere derartig erniedrigende Aussagen, die sich dann natürlich in den Köpfen festgesetzt haben. Gerade diese Menschen sind es, die in unserer Gesellschaft oft die Höchstleistungen vollbringen, weil sie es einfach allen zeigen wollen. Sie wollen nicht mehr als Verlierer abgestempelt werden, denn das wurden sie zu oft schon in ihrer Vergangenheit, egal wie lange die auch zurück liegt.

Manche Menschen haben auch ihr Selbstvertrauen verloren, als sie von ihrem Partner verlassen wurden. Sie gaben sich selbst die Schuld an dieser Trennung und legten alle damit verbundenen Zweifel auf sich selbst, die sich dort dann automatisch manifestiert haben.

Gehen Sie in sich und nehmen Sie sich die Zeit, die wirklichen Gründe zu erkennen!

Hören Sie nicht darauf, was andere Ihnen sagen, hören Sie auf sich selbst!
Nehmen Sie sich selbst an und erkennen Sie, wer Sie wirklich sind.
SIE sind ein Unikat, etwas besonderes und brauchen niemanden zu kopieren!
Machen Sie sich Ihre Erfolge bewusst, denn die hat jeder zu verzeichnen!
Besinnen Sie sich auf die Menschen, die Ihnen zur Seite stehen und Sie so mögen, wie Sie sind!

Ich hatte ja schon erwähnt, dass ca. 90% der Menschen ein mangelndes Selbstbewusstsein haben und das an ganz vielen Dingen auch abhängig machen.
Wenn ich Personen darauf anspreche, wie sie sich selbst vor dem Spiegel sehen und mit welcher Schulnote sie sich bewerten würden, dann ist es manchmal schon der Wahnsinn, was es da für Antworten gibt.

Da sitzen wirklich wundervolle, sympathische, attraktive Menschen vor mir und geben sich eine schlechte Note. Die Gründe sind sowas von haarsträubend und leider manchmal auch nur als oberflächlich zu bezeichnen.

Verzeihen Sie mir meine Direktheit, aber die gehört nun einmal auch zu mir.

Menschen finden sich nicht toll, weil sie sich mit irgendwelchen bekannten und berühmten „Stars und Sternchen" vergleichen, die sie ja noch nicht einmal persönlich kennen, geschweige denn auch nur einmal gesehen haben.
Da ich aber sehr viele Persönlichkeiten auch privat und hinter den Kulissen kenne, kann ich Ihnen verraten, dass alle dahinter auch nur ganz gewöhnliche Menschen sind, mit allen uns bekannten Stärken und Schwächen und die wie wir, auch mit ihren einzelnen täglichen Problemen zu kämpfen haben und dazu in einem Kameralicht natürlich immer besonders gut aussehen.

Das ist halt auch die angesprochene Oberflächlichkeit, denn warum muss ich wie jemand aussehen, den es doch sowieso schon gibt? Schönheit liegt immer im Auge des Betrachters und was nützt schon eine super Figur, wenn der Charakter nicht stimmt?
Wenn Sie der Meinung sind, sie sehen nicht gut aus, dann gehen Sie doch mal in den Wald und schreien Sie es heraus. *„Ich sehe zwar nicht gut aus, aber ich bin stolz auf mich!"*

Denken Sie doch bitte mal an die Weihnachtszeit und die bekannten Baumverkäufer. Jedes Jahr haben sie eine Unmenge von Weihnachtsbäumen, wo keiner dem anderen gleicht und jeder Baum ein Unikat ist. Das schöne daran ist, dass die Menschen sich alle diese Bäume kaufen, weil jeder in einem Baum grundsätzlich etwas anderes sieht und GENAU SO ist es auch bei uns Menschen!

Es geht nicht um das Aussehen von uns, sondern um den Geschmack und die Ansicht von unserem Gegenüber!

Stolz können Sie nämlich auf jeden Fall sowieso sein, weil es grundsätzlich immer etwas gibt, was genau Sie persönlich verdammt gut können!
Sie brauchen sich jetzt auch erst gar nicht in ein Licht zu stellen, wo Sie nicht hingehören und jetzt denken, *der kennt mich nicht, denn ich kann wirklich nichts.* Wenn Sie schon einen guten Charakter und ein großes Herz besitzen, dann können Sie nämlich schon verdammt stolz auf sich sein, weil das ganz sicher nicht alle Menschen haben und von sich sagen können! *Damit meine ich speziell Menschen, die anderen bewusst und vorsätzlich etwas böses antun!*

Wenn Sie das aber natürlich wollen und mehr in Sachen „Selbstmitleid" unterwegs sein möchten, okay, dann haben Sie für sich eine Entscheidung getroffen und auch darauf können Sie schon sehr stolz sein.

Eher sollten wir uns mal darüber bewusst sein, dass wir ein Leben haben, es genießen können, auch wenn das nicht jeder tut, aber wir haben die Chance dazu. Man muss an sich selbst glauben, nicht das Leben leben, was einen sowieso manchmal noch zusätzlich belastet und vielleicht auch mal runterzieht. Nein, wir müssen unsere Ziele und unsere Träume leben und verwirklichen, denn alles ist möglich, wenn wir es <u>wirklich</u> wollen!

Treten Sie vor einen Spiegel und schauen Sie mal positiv rein, <u>OHNE</u> jetzt irgendwelche Fältchen oder was auch immer zu suchen. Nein, lächeln Sie und entdecken Sie, was da für ein wertvoller Mensch Ihnen entgegen lächelt. Nehmen Sie sich an, denn auch SIE sind etwas ganz besonderes!

Akzeptieren Sie sich und die Tatsache, dass niemand im Leben perfekt sein kann. Wir alle machen Fehler, na und? Nur wer lebt und etwas tut, der kann auch Fehler machen und die gehören einfach dazu. Dann sagt man sich halt, *„Okay, war ein Fehler, beim nächsten Mal mache ich es besser!*“, wo ist das Problem? Vor allem, geben Sie sich nicht für alles die Schuld, manchmal haben wir etwas richtiges und gutes einfach nur zur falschen Zeit, am falschen Ort getan und es wurde deshalb nicht gewürdigt.

Kennen Sie Dieter Bohlen? Es geht mir jetzt nicht darum, ob Sie ihn mögen oder nicht und wie Sie ihn bewerten, sondern einizig und allein um diese Stärke, die dieser Mann in seinen frühen Jahren an den Tag gelegt hat. Er hatte früher schon Lieder geschrieben und lief damit tagtäglich von einer Plattenfirma zur nächsten, um sie dort vorzustellen. Überall bekam er Absagen und man bat ihn inständig darum, sich einen anderen Job zu suchen, weil er es niemals in diesem Beruf oder in dieser Welt zu etwas bringen würde.

An dieser Stelle knickt die Masse irgendwann ein und gibt sich geschlagen. Doch wer an sich glaubt, etwas von Herzen her will, wirklich dafür brennt und von sich und dem was er tut auch überzeugt ist, der hat Erfolg. Dieter Bohlen hat es uns vorgemacht und ist heute einer der weltbesten Komponisten, die es auf der Erde gibt. Wer das jetzt anzweifelt, weiß wirklich nicht, welche Songs er alle geschrieben und komponiert hat!

Wenn Ihnen diese Geschichte zu mächtig war und Sie sagen, ja, er hat halt Glück gehabt, okay, dann gehe ich ein paar Sprossen runter von der Leiter und nehme mich. Wenn ich mich nicht ins Leben zurück gekämpft hätte, mit allen positiven und negativen Dingen, die in dieser Zeit dazu gehört haben und inzwischen auch in meiner Autobiographie nachzulesen sind, dann würden Sie heute kein Buch von mir in den Händen halten, dann hätte ich nicht meinen wunderbaren Song „Willkommen im Leben" präsentieren können, denn dann würde ich heute noch, mit einem verlorenen Sprachzentrum, als Pflegefall im Rollstuhl sitzen.
Ist das für Sie auch alles nur Glück? Denken Sie mal darüber nach!

Sich annehmen, sich bewusst darüber werden, wer oder was bin ich und was will ich, DAS und nur DAS ist wichtig!

Wenn Sie nämlich das erkannt haben, werden Sie auch Entscheidungen darüber treffen, was Sie wollen und vor allem, was Sie NICHT mehr wollen.

Lassen Sie sich von niemanden mehr beleidigen oder respektlos behandeln, denn wer Sie nicht zu schätzen weiß, hat in Ihrem Leben nichts zu suchen und Sie auch ganz sicher nicht verdient!

Besinnen Sie sich mehr auf Ihre vielen positiven Eigenschaften, denn die haben Sie ganz sicherlich, als

auf Ihre Schwächen, die auch einjeder hat und nur die wenigsten geben sie auch zu.
Wer kein Selbstwertgefühl hat, hat kein WERTGEFÜHL zu und in sich selbst.
Aber Sie können jederzeit an sich glauben, sofern Sie das wirklich selbst wollen, denn Mitleid bekommt man im Leben immer geschenkt und braucht niemand.
Neid hingegen, darf man sich aber erarbeiten und deshalb lieben Sie dieses Leben, Sie haben nur dieses eine.

Stellen Sie sich nicht in den Schatten, sondern in das Licht, damit Sie sehen können, wie schnell die Schatten hinter Sie fallen.

Menschen lernen uns kennen, vor allem durch das, was und wie wir wirklich sind, wie wir uns geben und vor allem, was wir ausstrahlen. Man wird es spüren, ob wir ein glücklicher, in sich ruhender Mensch sind, der das Leben liebt und genießt und das ist ansteckend, denn genau das, wollen dann andere auch.
Umgekehrt allerdings ganz genauso und deshalb ist es schön und auch nicht schwer, für unser Umfeld ein Vorbild zu sein.

Wenn Sie in einer guten Partnerschaft leben, ihre Figur nicht optimal oder verbesserungswürdig finden, warum küssen Sie dann nicht einfach mehr?

Das ist sicher kein Scherz, denn einige Forscher haben herausgefunden, dass wir bei einem dreiminütigen Kuss bis zu zwölf Kalorien verbrauchen. Damit Sie auch mal wissen, wie viel das wirklich ist, beim Golfspielen verbrauchen Sie in etwa die ähnliche Zahl und ein

Fußballer schafft gerade mal das Doppelte. Na, finden Sie nicht, dass Küssen sich lohnt? Außerdem ist es noch sehr förderlich für eine herzliche, sowie harmonische Beziehung und angeblich soll es auch noch zu einem schönen Teint verhelfen. Also wenn das jetzt nicht überzeugend ist, probieren Sie es doch einfach mal über einen längeren Zeitpunkt aus.

GLÜCK ist ansteckend, wenn Sie es selbst endlich erkennen, fühlen und nach außen tragen!

So kann man nun endlich BESSER LEBEN!

Ich weiß es bereits!

Ihr *Mikel Marz*

Mikel Marz

Gesundheitlicher Erfolg hat einen Namen - Mikel Marz *

Seit 25 Jahren - biete ich bundesweite Hilfe, Beratungen, Vorträge, Seminare, Schulungen, sowie Prävention!

Profitieren Sie von meinen umfangreichen Aus- und Weiterbildungen, sowie meiner langjährigen Erfahrung zu den Themen Depression, Mobbing, Burnout, Angst, PTBS und Suizid.

*** = Zertifiziert/Ausgebildet**

Coaching, Seminare, Vorträge, Beratungen & mehr:

Ich biete Ihnen bundesweit diverse Leistungen an, die vor allem zielgerichtet, belebend, motivierend und nachhaltig sind und für jeden Menschen sehr viel neue positive Ergebnisse hinterlassen, privat und beruflich.
Die einzelnen Schwerpunkte, sowie eine Übersicht meiner Angebote, finden Sie auf meiner Seite.
Alle meine Leistungen werden grundsätzlich dort angeboten, wo Sie mich benötigen!

Auf Wunsch sende ich Ihnen selbstverständlich gerne mein Qualifikationsprofil zu.

Homepage
www.mikelmarz.com

Tunnelblick Stiftung
www.tunnelblick-stiftung.com

Musik
www.smaragd.me

Die Tunnelblick Stiftung!

Ich möchte an dieser Stelle die Gelegenheit ergreifen, um auch Sie über die Gründung der **Tunnelblick Stiftung** zu informieren. Diese bundesweite Stiftung wird in ihrem Wirkungskreis erstmals eine neue, einzigartige und Stiftung, die sich um Schicksale kümmern soll und wird, die mit Depressionen, Burnout, Mobbing, Häuslicher Gewalt, Posttraumatischen Belastungsstörungen, Angst und Suizid zu tun haben und eine Stiftung, die bereits jetzt schon unter der Schirmherrschaft von dem prominenten Schauspieler ***Horst Janson***, sowie der Patenschaft des beliebten Sängers ***Willi Herren*** steht.

Der Name der Stiftung ist dabei absolut passend, denn nicht nur Betroffene kennen diesen Ausdruck bereits und leben in ihrer Phase meist mit dem Tunnelblick, sondern auch die breite Masse der Öffentlichkeit, die diese brisanten Themen über viele Jahre immer wieder in die Schubladen gesteckt und zum Tabuthema erklärt hat.

Man kann und darf dabei inzwischen aber nicht mehr ignorieren, dass laut einer Studie, alleine in Deutschland bereits ca. 9,1% der Bevölkerung an oder unter psychischen Krankheiten leiden und die Dunkelziffer schon enorm hoch ist.

Eine psychische Krankheit kann schließlich jeden von uns treffen, egal wie, egal wo, egal wann!

Informationen erhalten Sie auf der Homepage:
www.tunnelblick-stiftung.com

Printed by Books on Demand GmbH, Norderstedt / Germany